中国播音学丛书

BOYIN
FASHENGXUE
DI-ER BAN

播音发声学

第二版

徐恒 著

中国传媒大学出版社
·北京·

前　言

本书是北京广播学院汉语普通话播音专业的专业基础教材之一,目的是帮助学生掌握播音发声的理论,懂得练习方法的根据,以利于学生的播音发声实践。

播音发声是语言发声的一种,它的理论必然涉及语言学、汉语普通话语音以及发声的物理、心理机制和生理活动诸方面。本书力图对这些方面的有关问题做出简要的叙述,重点放在发音吐字的生理活动控制上。

发声是一门实践性课程,学习成效最终要以实际发声能力与质量来检验。本书的主要观点是在前人播音发声实践基础上形成的,用来服务于实践。离开了发声实践则观点就失去了意义。因此,我们对各项发声控制练习要给以充分的重视。

在探讨发声的物理特性、心理特性及生理特性时,不能不引入自然科学的观点和实验语音学的成果。这些观点和成果有助于探索播音发声的奥秘,却不能直接指导发声实践。发声器官是人这个有机体的一个组成部分,人们只能凭自己的感觉进行发声练习及调整。在人类的语言发声中,根据科学实验得到的结论往往与实际的发声感觉并不一致,甚至有相悖之处,这就形成了本书在叙述方面的一大难题。在这类问题上,本书试图立足发声实践给以解释。

说和听是人类行为中最奥妙的现象,它的很多重要机制还是需要当代科学家努力探索的未知领域。对播音发声这一语言发声分支的探索更是刚刚起步。受编著者本人知识水平及实践经验的局限,本书的错漏之处在所难免,诚心希望得到您的批评指正。

徐恒

1985 年 1 月

目 录

第一章 播音发声总说 ················· 1
 第一节 播音员必须学会驾驭声音 ············· 1
 第二节 人类语言的产生与发展 ·············· 4
 第三节 播音发声特点的形成 ··············· 9
 第四节 播音员需要什么样的声音 ············· 12
 第五节 正确处理情与声的关系 ·············· 16

第二章 播音发声的物理基础 ············· 19
 第一节 声音的形成与传播 ················ 19
 第二节 声音的特性 ··················· 23
 第三节 共鸣 ······················ 30

第四节　共振峰与元音的形成 ………………………… 33
　　第五节　混响与吸音系数 …………………………… 36
　　第六节　播音应用特点 ……………………………… 38

第三章　播音发声的心理基础 ………………………………… 43
　　第一节　大脑及语言神经中枢 ……………………… 44
　　第二节　言语发声系统 ……………………………… 48
　　第三节　听觉心理 …………………………………… 51
　　第四节　播音发声的心理特点 ……………………… 53

第四章　发音吐字训练总说 …………………………………… 57
　　第一节　发音与吐字 ………………………………… 57
　　第二节　发音状态与感觉 …………………………… 59

第五章　气息(呼吸)控制 ……………………………………… 64
　　第一节　播音对气息的要求 ………………………… 65
　　第二节　呼吸器官 …………………………………… 68
　　第三节　生活状态下的各种呼吸方式 ……………… 71
　　第四节　播音发声的呼吸方式 ……………………… 73
　　第五节　气息运用的感觉与特点 …………………… 77
　　第六节　气息控制基础练习 ………………………… 80

第六章　喉部发音(声带)控制 ……………………… 85
第一节　讲究喉部发音控制的意义 ………… 86
第二节　喉部构造 …………………………… 88
第三节　声带振动机能 ……………………… 91
第四节　真声与假声 ………………………… 93
第五节　喉部发音控制 ……………………… 95
第六节　喉部控制与气息控制的配合 ……… 97
第七节　应注意避免的发音毛病 …………… 99

第七章　共鸣控制 …………………………………… 101
第一节　共鸣器官 …………………………… 102
第二节　共鸣作用 …………………………… 106
第三节　播音的共鸣特点及控制 …………… 112
第四节　播音共鸣与歌唱共鸣 ……………… 115
第五节　发音共鸣练习 ……………………… 118

第八章　吐字——口腔控制 ………………………… 122
第一节　播音吐字要求 ……………………… 123
第二节　汉语特点与吐字 …………………… 126
第三节　咬字器官及其训练 ………………… 134
第四节　吐字归音 …………………………… 152
第五节　吐字的综合感觉及训练 …………… 167

第九章 声音弹性 …………………………………… 172

第一节 练声目的在于获得声音弹性 ………… 172
第二节 声音弹性的生理心理基础 …………… 176
第三节 如何使声音富有弹性 ………………… 180
第四节 声音弹性的对比训练 ………………… 186
第五节 弹性训练与基础训练的关系 ………… 199

第一章
播音发声总说

第一节 播音员必须学会驾驭声音

播音员是以有声语言为表达手段的广播电视新闻工作者,播音员的创作必须通过声音体现。"工欲善其事,必先利其器",因而,播音员应该注意锻炼自己的声音,学会驾驭自己的声音,使声音成为得心应口的创作手段。

发声是播音员应勤于磨炼的一项基本功。这项基本功的扎实与否,不仅直接影响播音质量,还会影响一个播音员的职业寿命。由于嗓子出问题而离开播音岗位的人屡见不鲜。一个声音训练有素的播音员应该能播到60岁左右,而目前有些播音员到了40岁左右就感到气力不支,声音衰退,这种情况亟须改变。因此，为了提高播音质量，常葆嗓音青春，播音学员必须扎扎实实地学好这项基本功。

播音发声有自身的特点。播音的用声不同于其他语言艺术，无论声乐、戏曲的用声方法，还是话剧、朗诵、评书的用声方法，都不适用于播音。它们之间有一些共同之处，也存在明显区别。播音员有自己用声的特点、要求及训练方法。

生活发声不足以适应播音要求。人们在生活中说话一般是对一个或几个人就互相关心的问题抒发个人见解，边想边说，说话的句子短，停顿长，有环境的衬托，手势、表情的辅助，对方不明白或自己说错了还可以重复。播音员的播音与日常谈话有很大的不同。播音员是党的宣传员，宣传内容极其广泛，大多数情况下要依据稿件播音，涉及的内容有听众熟悉的事，也有听众不熟悉的问题；播音员面前虽然只是一个话筒，而播音却是面对不计其数的听众。广播电视宣传具有广泛的社会影响。为了在尽可能短的时间内传播出更多的消息，广播语言的结构比口语严谨、复杂，感情变化多而细致，播音员用日常的口语发声状态很难圆满地完成任务。人们对生活语言没有声音质量的要求，有的人吐字清晰些，有的人则含混些；有的人声音优美些，有的则粗糙些；有的人声音色彩丰富些，有的则平淡些。而对于播音员的发声则有较高的要求：吐字必须清晰，音质必须优美，声音必须富于活力及感染力。这样说来，即使有的播音员天生一副好嗓子，若不经锻炼，也是很难胜任播音工作的。

播音要求高度的用声技巧。广播电视报道内容的广博,形式体裁的多样,思想感情的多彩,要求播音员有高度的用声技巧。而播音工作的准备时间短暂,则更要求播音员必须熟练驾驭自己的声音。播音员不能像声乐工作者那样对每一个曲目千锤百炼,也不像话剧、朗诵等工作那样有较长的排练准备时间,播音员绝大部分的工作都是在短时备稿——只能看一两遍稿子的情况下独立完成的,如果没有高度熟练的用声技巧,工作起来难免捉襟见肘。

正确用声是正确创作道路的一个组成部分。声音是为表达内容服务的。进行播音创作时,对所播内容有较深的理解感受是根本,但最终必须形之于声。声音得心应口、收纵自如,才能把理解感受到的东西表达出来,收到应有的宣传效果。如果声音是僵的,缺乏活力,不能随内容的发展、感情的运动而产生相应的变化,就不能把理解感受到的东西自如地表达出来,也就不可能进行成功的创作。正是基于这一点,我们说,正确用声是正确创作道路的一个组成部分。

播音员必须学会驾驭自己的声音。学会驾驭自己的声音,一要掌握正确的发声方法,即总结前人用之有效的科学方法;二要掌握理论知识,不但要能正确发声而且要知其所以然,能以理论知识分析解决发声实践中的问题,使发声能力不断扩展;三要有练功的毅力,言语发声习惯是多年形成的,改起来很不容易。掌握正确的发声方法则需要坚持不懈的练习,循序渐进,持之以恒。

第二节 人类语言的产生与发展

人类的祖先在长期维持生活的共同劳动中,有了交流思想的需要,"已经到了彼此有些什么非说不可的地步"[①];而在劳动中,人类又锻炼了自己的大脑,改造了发音器官,具备了说话的能力,于是语言便产生了。这是人类与其他动物相区别的最后的也是最重要的标志。"会不会说话"是人类和其他动物的根本区别之一。

掌握语言需要有两个前提条件:发达的大脑和灵活的发音器官,也就是要具有抽象思维的能力和发出复杂声音的能力。

人类有敏锐的感觉器官,通过视觉、听觉、触觉等反映客观存在的现实现象来认识客观事物,这些就是大脑用以进行思考加工的原材料。在大脑这个加工部门里,对这些原材料

---

① 恩格斯.劳动在从猿到人转变过程中的作用[M]//马克思,恩格斯.马克思恩格斯选集:第3卷.北京:人民出版社,1975:511.

加以分析、概括,抓住事物的共同特点,把事物归类,并且给以名称,这便是词。只有经过这样的抽象概括,思维才能把握万事万物,在概念(词)的基础上作出判断,进行推理,把结果用语言表达出来。没有这种抽象思维的能力,就不可能掌握语言。而语言的运用又反过来有力地推动人类智力的发展。

要说话,还需要具有灵活的发音能力。一种语言有几十个音位,构成成千的音节,这就要求发音器官能发出一个个的音,而后加以组合。这种能拆开、能组装的发音能力,绝不是一般动物所拥有的。人类发音能力的形成,与人类祖先开始直立行走有着密切关系。类人猿已经有了手脚的初步分工,人类的祖先在长期劳动中巩固了这种分工,身子站了起来,开始直立行走,这就促成了语言的产生。一方面,身体直立的状态下,嘴的任务变得简单,人类祖先可以更多地用嘴来发音。当人类祖先用四肢爬行时,它们的嘴除了吃东西外,还要执行拿东西、打架等任务,只能发出简单的声音,而当它们站起来后,双手被解放出来,嘴除吃东西外就是发音,嘴巴逐渐灵活起来。另一方面,人类祖先直立起身体,使口腔和喉咙形成了一个直角,喉受到重力作用而位置逐渐下降,拉长了从喉到嘴唇的发音通道,有了其他动物所没有的咽腔,这就有助于人类祖先在发音时控制气流,灵活改变口腔的形状,构成更多样式的阻碍,发出一个个清晰的音。这样,人类语言就有了足够的发音条件。

抽象思维能力和灵活发音能力相结合,构成人类的语言能力。它一代一代地传下来,又在实践中不断有所发展。今天,每一个小孩一出生,就在一种语言环境中,自然而然地学会了一种语言。实验证明,人类的语言能力是先天遗传的,是天生的;而学会运用某一种语言则是由后天语言环境决定的。

语言是人类祖先给我们留下的最宝贵的遗产。没有语言就没有今天这样智力高度发展的人类,当然也就没有今天这样的人类社会。

人类语言从一开始就是有声语言。语言材料是声音和意义结合的统一体。声音是语言的物质形式。用声音做语言的物质形式有极大的优越性:最简便,容量最大,效果也最好。

最简便。声音是每个人都能发出来的,人走到哪儿,它跟到哪儿,没有任何负担。

容量最大。几十个音位,通过排列组合就可以把现实世界的万事万物都描绘出来。

效果最好。既可以大声呼喊,又可以慢声细语,古今中外的喜怒哀乐,无论是复杂的科学道理,还是细腻的动人感情,都可以通过有声语言表达出来。

人类,只有人类,能用语言谈古论今,阐发精深的理论,驰骋丰富的想象,思想走到哪里,语言也跟到哪里。语言的这个特点大大有利于信息的传递。正如斯大林所说的:"有声语言在人类历史上是帮助人们脱出动物界、结成社会、发展自己的思维、组织社会生产、同自然力量作胜利的斗争并取得我们今天进步的力量之一。"①。

但是，有声语言也有它受局限的一面：受时间和空间的限制。你说我听，离远了就听不见，说话一瞬即逝，过去了留不下痕迹。远古时候，传递信息只靠口耳，所及的范围受到很大的限制。人们为了克服这种局限性，经过长期摸索发明了文字，使语言除了说与听之外又有了读和看的形式。我国清代学者陈澧清楚地阐明了说话与文字之间的关系，"声不能传于异地，留于异时，于是乎书之为文字。文字者，所以为意与声之迹也"（《东塾读书记》卷十一）。文字是语言的"意与声之迹"，是在有声语言基础上产生的，是语言的书写符号。"言者意之声，书者言之迹"（《〈书·序〉书义》），说明了意、声、书(文字)之间的关系。

文字的发明突破了有声语言在时间及空间上受到的限制，使一发即逝的有声语言可以"传于异地，留于异时"，远隔他乡的人也可以通过文字交流思想。从此，人类的知识可以大量、系统地留传下来，后人能在前人积累的知识的基础上继续前进。这就大大加速了信息量的积累，使人类"从铁矿的冶炼开始，并由于文字的发明及其用于文献记录而过渡到文明

---

① 斯大林.马克思主义和语言学问题[M]//斯大林.斯大林选集：下卷.北京：人民出版社，1950：532.

时代"①。

　　有了文字就有了书面语。书面语在口语的基础上产生,是口语的加工形式。两者基本一致,又有所区别。口语是说给人听的,随想随说,没有很多的思索余地。为了留出思索的时间,人们有时在说话时加上"唔""呃"之类的无意义的声音。说话的用词范围比较窄,句子也比较短而简单,且难免有重复、脱节之类的语病。但是口语有它独特的优越性:除了连词成句以表达思想感情外,还可以利用各种特殊的语气、利用声音的抑扬顿挫以表情达意,也可以利用眼神等伴随肢体动作以辅助表达,还有说话时的情景也可以作为说话的背景。这些都可以提高口语的表达效率,是书面语所不具有的优势。书面语是写给人看的,人们在写作的时候可以从容推敲,仔细琢磨,反复修改。为了提高表达的准确性,书面语的用词范围更广,很多在口语中不用的词语在书面语中却可以常用。书面语的句子结构比较复杂,需要删去无意义的废话,讲究篇章结构和句段之间的连贯照应等,语言通常更加严谨,富有表现力。但无论书面语的表现力怎样强,也总还有"言有尽而意无穷"的境界,需要看的人去想象、思索。另外,书面语的传播明显地受到人们文化水平等因素的制约。口语和书面语的这些特点,给把书面语转换为口语形式的有声语言再创造活动留

---

① 恩格斯.家庭、私有制和国家的起源[M]//马克思,恩格斯.马克思恩格斯选集:4卷.北京:人民出版社,1975:21.

下了广阔天地。

无线电传送的发明与运用,广播电视录音录像技术的发展与普及,使有声语言的功效有了突破性的进展。时代不同了,过去非得由书面语来完成的交际任务,现在能用口语来代替,口头信息能够在顷刻之间传递千万里之遥,同时为亿万人听到;能录成音带,和书籍一样大量复制、长期保存。现在,有声语言克服了空间和时间的限制,也能够"传于异地,留于异时"了。这样一来,口语那种可以直接传达思想、感人至深的优势就得到了充分发挥。随着科学技术和生产的飞速发展,信息量的猛增,口语这个思想与感情的信息载荷体,已经进入过去由书面语独占的交际领域,日益发挥着更大的作用。广播电视越来越受到人们的重视,成了潜力巨大的现代化舆论工具。

第三节 | 播音发声特点的形成

广播语言是经过加工的口语,是书面语的口头形式。播音员的发音吐字在口语发音的基础上形成,却又有不同于一般口语的更高的要求。这是由播音员语言活动方式的特殊性及广播电视作为传播媒介在社会中所处的特殊地位决定的。

一、语言活动方式不同于一般口语

日常谈话时,听的人就在面前。广播语言有交际功能,却没有实在的交际对象。播音员不能根据听众的多少、距离、反应等来调整自己的发音方式。为了使各种类型的听众都能听清楚,必须适当提高语言的清晰度。

声音是播音员唯一的(对电视播音员来说是主要的)影响听众的手段,口语中环境、身势等辅助表达手段在这里都不起作用。为了吸引听众、满足传情达意的需要,不仅广播语言的字音要准确、清晰度要比口语高,声音色彩还必须富于变化。比如音高的变化,一般谈话的音高变化幅度不超过一个八度,而播音员如果只在这个幅度内变化,语言就太平淡了。

二、语言负载的信息量比口语大

广播语言是书面语的口头方式,具有书面语精练简洁的特点,基本排除了口语中的赘语、拖腔、空白、重复。广播语言又是新闻性语言,要求在较短的时间内传播较多的信息。它负载的信息量大于口语是毋庸置疑的。加上汉语单音节词较多的特点(据统计,目前单音节词仍占常用词的一半左右),若广播听众一字听不真切,则可能导致他们对整句话甚至整条新闻产生误解。因此播音员吐字要准确和清楚,重要的和易混淆的词句更要表达得高度清晰。

三、传播工具和传播方式的特点

广播要通过发送、无线电波传播、收音等多道程序才能输入听众的耳中。在传输过程中每一个环节都会使声音有所损失并混入噪声或干扰,这就不可能不削弱语言的清晰度,甚至使声音发生畸变或失真(如短波的衰落现象)。为了使听众能听清楚,播音员就必须通过加强言语清晰度的方式给予弥补。对电视播音员来说,则还需要改善音质以弥补光讯号转换时的声音损失。

广播电视播音往往是发生在与现场实况音响或音乐混播的场景之中,这当然也要求播音员提高言语清晰度和穿透力。

四、审美要求

广播电视已日益深入到每家每户,人民群众不但要从广播电视中获得信息,还要从中获得审美享受。我国古典戏曲、说唱艺术造诣很高,长期以来,在吐字发音方面积累了丰富的经验,如明代的王骥德就曾提出"当使声中无字""字中有声""字字轻圆,悉融入声中,令转换处无磊块""如贯珠"等要求;

沈宠绥则提出"出口若游云之飞太空,悠悠扬扬,发于自然"等。这种历史形成的传统审美观点,不能不影响到人们对播音员发音吐字的审美要求,即不仅要求"字清",而且要求发言"玉润珠圆""如珠走玉盘"等。

五、社会地位的特殊性

广播电视在社会中的地位给播音员的发声吐字带来特殊要求。广播语言听众之多在人类历史上是空前的,影响之大是任何其他语言活动所不能与之相比拟的。播音员的字音,甚至发音方式都会给社会带来影响,这就要求播音员成为使用本民族语言的典范。

字音准确、语音规范、吐字清晰、声音圆润、感染力强、优美动听,这就是社会对播音员发音吐字的要求,我们将在下一节做较详细的阐述。

第四节 播音员需要什么样的声音

播音员是广播电视这种新闻性工作的一个环节。新闻的力量在于真实。广播内容通过播音员的声音到达听众耳中,要使听众听来真实可信,播音员的用声必须朴实、自然。在生活中,说起话来装腔作势、拿腔拿调或嗲声嗲气都是令人厌恶的,播音员绝不能采用这种声音。如果用矫揉造作的声音播音,就会造成与听众心理上的距离。朴实的声音才能使人产生亲切感,听众才会愿意听你播下去。

播音员绝大部分的工作是有稿播音,也有一部分工作带有即兴创作的性质。广播内容的广泛、形式的多样、语言的精炼使播音创作天地广阔,但同时对播音员的发声也提出了较高的要求。为了满足传情达意的需要,播音员的声音必须富有活力、变化自如。播音绝不是见字出声的机械动作,更不是声音的炫耀。播音的大忌是发出无意之声、无情之声和僵滞不变之声。

由于每个人的发声条件不同,每个人的声音都有自己的特色。我们只能在自己已有的发声条件的基础上发挥所长、克服所短,扩展发声能力,找到自己最好的声音,而不能去模仿、追求某种自以为美的声音,特别不能模仿广播电视中某个自己崇拜的播音员或演员的声音。刻意模仿某个人的声音,常常是发声方法不良的根源,这不仅束缚了个人播音创造力的发挥,严重的甚至能导致发声障碍或喉部病变。

播音发声的美,是有助于传情达意的美,绝不能离开传情达意的要求去追求某种固定的"美声"。

对播音员的声音要求可以归纳为以下几句话：

　　　　准确规范，清晰流畅；

　　　　圆润集中，朴实明朗；

　　　　刚柔并济，虚实结合；

　　　　色彩丰富，变化自如。

下面分别对此加以阐述。

准确规范，清晰流畅。播音员是群众的语音教师，语音必须准确规范（汉语语音课中有详细论述）。播音吐字的清晰度要高，但不能有"磊块"，不能"蹦字"，字音要流畅过渡，听来如潺潺溪水，迂回向前，生动活泼。

圆润集中，朴实明朗。这是对播音员声音色彩的基本要求，发音与吐字两方面都包括在内——声音要润泽，不干涩；吐字要"玉润珠圆"，颗粒饱满；声音不散，字音不扁，这就是"圆润集中"的含意。我们整个广播电视节目都是为了激励人们的精神、丰富人们的知识、愉悦人们的身心，所以播音员的声音不仅要朴实，而且要明朗，使人产生快感。播音员的声音还要圆润而明朗，像清泉汩汩地流入人们的心田。

刚柔并济，虚实结合。发音吐字要有韧性、有弹性，能刚能柔，有虚有实。由于播音员性别和性格的不同，一般来说，男声偏刚健，女声偏柔美。如果颠倒了，就使人感到不舒服，这是男女声比较而言的。但是，无论男声或女声，都不能一味地刚或一味地柔，都要求在本身基础上能刚能柔，刚柔并济。要知道,"过刚则直,过柔则靡",一味地刚听来呆板生硬,一味地柔听来萎靡不振,都是我们所不取的。声音还要虚实结合。有人追求声音"亮",过多地用实声,听来"拙",不能很好地表达细腻的情感;有人追求"柔美""有感情",过多地用气声,听来"假"。用声要求刚中有柔、柔中有刚,也要虚中有实、实中有虚,还要刚柔并济、虚实结合,随着意与情的要求而灵活运用。虚实与刚柔是两对不同质的矛盾,但它们之间也有着联系。一般地说,实声偏刚,虚声偏柔,其实也不尽然:孩子的金铃般的声音是实声,但不刚;一声慨叹用虚声,也不柔。在实际运用中,声音刚柔虚实的变化是多种多样的。

  色彩丰富,变化自如。声音色彩是播音员随节目内容的发展而运动变化着的感情的外衣。人的感情是不断运动变化的,声音色彩也是在对比变化中体现出来的。声音色彩犹如画家的调色板,越丰富细致就越能传情、越有表现力。感情色彩的变化是无穷的,声音色彩的变化也是无穷的。掌握发音吐字的基本方法,是为了追求声音的变化,而不是为了追求固定不变的音色。

第五节　正确处理情与声的关系

正确处理情声关系,"以情带声""以声传情",这是个原则性问题。离开了它,就会事倍功半,甚至事与愿违。

一、播音员的发声是为了传情达意

播音与声乐艺术不同,它不是为了让听者欣赏声音美,而是要听者领会节目的内容,声音只是表达内容的手段。文学家刘鹗在《老残游记》中形容王小玉说书,只写她的用声如何出神入化:"几转之后,又高一层,接连有三四叠,节节高起……愈翻愈险,愈险愈奇""声音初不甚大,只觉入耳,有说不出的妙境"等,却几乎不谈她唱的内容。播音员练声、用声的目的与此不同:把声音练到、用到佳处,只觉得自己的感情表达随节目内容而跌宕起伏,通过发声把胸中的感情表达得淋漓尽致,而不觉有任何负担;听众只觉得被节目的内容所吸引、所感染而完全"忘掉"了播音员的声音。这才是播音用声出神入化的境界。因此,播音员在练声、用声时必须正确掌握表达手段与所表达内容的关系,声与情的关系。

二、情动于内，声发于外

情与声之间是什么关系？情是内涵,声是形式,声是为传情而发的,情动于内,声发于外。情是内在的主导的方面,声被情所引导而发出,有什么样的情,就有什么样的声。播音不同于日常谈话之处在于,它主要是有声语言的再创造活动,播音员要将书面语转换为口头语言。由于文字只表音,而蕴藏于书面文字中的情却没有确切表达的符号,如果播音员不细心体察文字中蕴藏的情的话,就很可能见字出声,发出无情之声,使活的语言僵化,如平常人们说的"像老和尚念经",听起来味如嚼蜡。这就是播音员必须注意正确处理情声关系的原因。发声课主要帮助学生改善与扩展发声技巧,发声练习的重点往往集中在声音上,学生要注意妥善处理情、声之间的关系。

三、以情带声，以声传情

在发声学习过程中要妥善处理情与声之间的关系,一方面,在发声之前先要领会你准备读的书面材料中蕴藏的情,再以这种灵动具体的情来带动发声,这样你的声音才可能是符合表达需要的,才可能是有活力的。另一方面,在声音发出后,要通过自身的反馈渠道,检验声音是否符合感情的要求,并及时进行调整,使声音越来越符合传情的需要。这就是我们平常说的"以情带声,以声传情"。

四、要暖声,不要冷声

发声课中的不少练习是没有情感内容的,即纯技术练习,如单个音素或音节的发声练习,扩展音域的练习,改善音质的练习等。做这类练习的时候,注意力是不是可以完全集中在声音上而不去考虑情感因素呢?答复是否定的。为了使声音与感情不脱节,我们做这类练习时应带着丰富的情绪。千万不要板着面孔发出冷冰冰的声音。如果经常发冷冰冰的声音,即使在练习时符合要求,到播音中也很难运用,这样的声音听起来就缺乏吸引力了。而愉快的、温暖的发声则是日常播音时基本的声音色调,它可以使声音明朗、柔和。当人的内在感情发生变化时,声音色彩也容易随之变化。

第二章
播音发声的物理基础

声音的发出是一种物理现象。本章将就声音的物理性质方面给以简要叙述。

第一节 声音的形成与传播

古人发现,物体振动能发出声音,用手拨动琴弦能发出动听的声音,琴弦长度及张力大小与声音的高低是有对应关系的。公元前六世纪中叶的希腊哲学家毕达哥拉斯研究了乐器上琴弦长度之间的关系,迈出了今天理论物理学发展的第一步。毕达哥拉斯发现,在一定张力下,一根弦振动的频率(即每秒内振动的次数)与其长度成反比:琴弦越长,频率越低；琴弦越短，频率越高。如果第二根弦的长度是第一根弦长的一半，它的振动频率就高一倍，声音就高一个八度。而且由于人脑中从耳朵接受神经信号的那一部分的构造，使得弦长只有呈简单的比例，例如1:2,3:4，听起来才是和谐悦耳的，而当弦长呈复杂的比例，例如137:171时，听起来则是刺耳的。所以，要使声音听起来和谐完美，弦长必须呈简单的比例关系。这是至今乐器制造遵循的原理。

声音是由振动着的物质在可传播振动、扰动的介质中激发一系列压力波而产生的。介质中的粒子从振源获得能量而发生自身的振动。这些粒子的振动又把能量传递给邻近的粒子。如果振源连续振动，一系列按周期呈现的声波就在介质中传播。

发声体在受外力作用振动后，当它向一方移动时，介质就被压缩变得稠密，而向反方向移动时，介质就变得稀疏，这样连续产生的密与疏就是声波。两个邻近的处于同一状态中的疏层或密层之间的距离叫波长。所需的时间叫周期。单位时间内振动的周数叫振动频率。从振动物质的中心位置到极端位置的距离叫振幅(波幅)。

流体在运动中也能发出声音。当空气或水等流体处于层流运动状态，即各层的运动速度和方向完全一致时，没有声音效应；而当流体绕过障碍物出现旋涡时会处于湍流(紊流)状态，此时各层的运动速度和方向不一致，这时就会发出声音。

风声、水声以及语音中的擦音等就是这样发出的。

大多数声音是通过空气传播的。浓厚的空气比稀薄的空气传声力强,因为浓厚的气体分子之间距离比较近,就能更有效地在分子之间传递声波的动能。液体比气体的传声力强,固体则更强。

在0℃时,声音在空气中的传播速率约为331.5米/秒。空气温度升高时,传播速率按大约0.6米/秒的程度增加,在25℃时约为346米/秒。声音在水中的传播速率大约是在空气中的4倍,在钢棒中,大约是在空气中的15倍。

我们听到的声音,可以分为乐音和噪音两大类。有一定规律、一定波形、一定频率的声波形成乐音(musical tone)。如果声波的振动无规律,没有一定波形和频率,这种杂乱无章的声音就是噪音(noise)。言语声中的元音以乐音成分为主,而辅音多为噪音成分。

能量转化定律是物理界的一个基本定律。声音信息的载体也是可以转化的。人的语声波,是一种空气振荡;把语音通过无线电传输,就变成了电磁波;用录音机录下来,就变成了录音带上的磁场;用光电管拍摄录像,录像带边上的一条录音带,就变成了光信号;制作唱片,就变成了唱针的机械振动;等等。因此,语音的物理本质,就是由振动与波传递的信号。人耳则是声音信号的接收器。

任何一种复杂的声波,都是由若干单音复合而成的,都可使用专门仪器进行分析,记录出声波曲线。单音曲线可用正弦曲线表示(图2-1)。

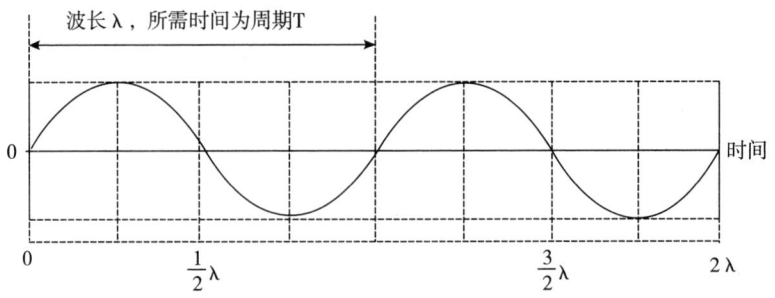

图 2-1 单音曲线

设 T(time)代表周期,f(frequency)代表频率,λ(希腊字母,读兰达)代表波长,V(velocity)代表速率。则:

$$fT = 1, T = \frac{1}{f}$$

$$V = \frac{\lambda}{T} = \frac{\lambda}{\frac{1}{f}} = f\lambda = 346 \text{ 米/秒}$$

$$\lambda = \frac{346}{f} \text{ 米}$$

由上式可以看出,波长与频率成反比。频率越高,波长越短。

第二节 声音的特性

话语、雷鸣、琴声各有特色。同一件乐器,音乐家和生手演奏起来的声音有很大不同。各种声音是怎样互相区别的呢？它们在几个基本方面有所差异,也就是在声波的几种物理性质方面有所不同。声波的物理性质包括频率、强度、谐波含量与时值。这四种性质对于人耳的效应分别称为音高、音强、音色和音长。

一、音高（pitch）

音高指声音的高低。它主要取决于发声体的振动频率,也就是每秒钟振动的次数。单位时间内振动次数多,频率高,声音就高;振动次数少,频率低,声音就低。频率的单位叫赫兹（Hertz）,指每秒发声体振动的次数,通常写作 Hz 或周/秒,简称赫(广播发射频率单位千赫、兆赫即由此而来)。

人能听到的声音范围,即人耳能感觉到的压力波的频率范围,从 16 赫兹一直延伸到 20,000 赫兹。频率高于此范围的叫超声波,低于此范围的叫次声波。

人耳对于各种频率声音的敏感度是不同的,对低频不敏感,随着频率的增高,耳朵逐渐敏感起来,在1,000—6,000赫较为敏感,而对2,000—4,000赫的声音则最为敏感,这是由人们的耳朵和大脑的构造决定的。从人们的感觉角度看,频率增加一倍,音高增一个八度音阶。人类最好的耳朵可以听九至十个音阶。人们的听力因人而异,一般小孩和年轻人听力较强,高频可以听到18,000赫兹,成年人可听到13,000—15,000赫兹,而老年人只能听到10,000或8,000赫兹的声音。

物体发声的高低有种种原因,一般讲,发音体大、长、松、厚的,振动慢、频率低,声音也比较低;发音体小、短、紧、薄的,振动快,频率高,声音也比较高。比如,男人的声带较厚而长,平均长度为20—22毫米,基频为60—200赫兹,所以说话声较低;女人的声带较薄而短,平均长度为15—19毫米,基频为150—300赫兹,所以说话声较高;儿童声带没发育完全,基频为200—350赫兹,说话声最高。

在音乐上所说的音高是绝对音高,每个音名的频率都是固定的。如C音为261.626赫兹、A音为440.000赫兹等。而在言语中所说的高低则多指相对音高,是比较而言的,没有固定的频率,比如说某人的声音高些,某人的低些;某人在这种场合声音用得高些,在另一种场合用得低些等。就是同一个人说同一个音节,由于字调不同也有高低曲直的相对音高变化。

二、音强（intensity）或音量（volume）

音强或音量指声音的强弱（声音的强度是指单位时间内通过垂直于传播方向上单位面积的声音的能量）。一定频率的声波的强度依赖于它的振幅。振幅越大，声音越强；振幅越小，声音越弱。而振幅的大小是由使发音体振动的外力大小决定的。比如敲鼓，用力大，振幅大，声音强；用力小，振幅小，声音弱。声波强度随着它离开声源的距离而逐渐减小，即离振源越远，声波越弱，声音越小，这在日常生活中是人所共知的。

需要注意的是：音强与响度（loudness）是两个不同的概念。音强是指声音本身客观具有的物理特点，可以用仪器测量；而响度是指声音强度这一物理特点在我们听觉中的主观感受，不是可用仪器直接测量的。响度随强度的增加而增加，它们之间并不是简单的比例关系，而是接近于对数关系。就是说，声音要在强度大十倍时，听起来似乎才响二倍；要在强度大一百倍时，听起来似乎才响三倍。

声音的强度级用声学仪器度量。平均可听到的最微弱的声音强度叫作听觉阀。表示声音的强度级的实用单位是分贝，以 db 表示（1 个分贝等于 0.1 贝耳 bel）。就人们感觉上的反应来说，只有声音在功率级的改变达到一个分贝时才能勉强分辨出来(表2-1)。

表 2-1 声音的强度级

声音类别	强度级(db)
听觉阈	0
耳语	10—20
轻柔的乐声	30
一般的住宅区	40—50
谈话	45—70
繁忙街道的车辆声音	70—80
痛觉阈	120

人们从大声呼喊到正常交谈到平心静气地说话,声音有较大的强度变化,其范围可以从85分贝到65分贝到45分贝。耳语时平均声音强度还要降低20分贝左右。

一个人正常谈话的声音强度也有很大变化。一般说,元音比辅音强度大,而在元音或辅音中也有强度级的变化。在自然说话时,宽元音如[A]的振幅比窄元音如[i]的振幅要大得多,宽元音比窄元音传得远。

响度级的单位叫方(phon)。人们对声音响度的主观感觉与声音的频率密切相关。当响度减弱时,耳朵对高频和低频声音就不像对中频声音那样敏感了,换句话说,随着响度的减小,耳朵对低频和高频声音的灵敏度降落得比中频声音的要快(在广播中,就必须借助放大器的增益——频率特性来进行补偿)。而人耳对高频率的噪音却比对低频率的噪音更敏感。噪音平均频率与形成噪音的气流速度成比例,噪音强度随着气流速度的加快而大幅度增长。

图 2-2 表示人耳的可闻度范围,它是对许多人所做试验的综合性结果,表示的是"平均的"人耳效能。

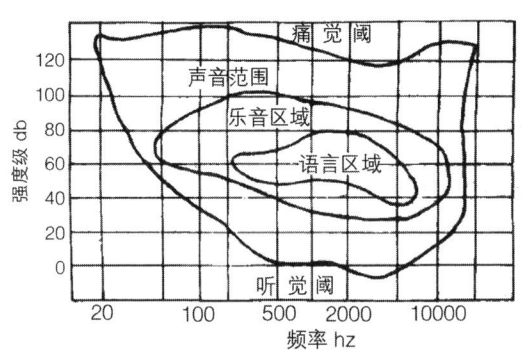

图 2-2　人耳的可闻度范围

三、音色（timbre）

音色是人在听觉上区别具有同样音高、音强的两个声音之所以不同的特性,也就是声音的独特品质、声音的个性。音色取决于声波的谐波含量,即所含的泛音数目和它们的相对强度,即声谱。

一根绷紧的琴弦,如果在中间拨一下,琴弦整体振动产生的频率最低,这就是这根弦的基本频率,发出的声音就是它的基音。当你在靠近琴弦的一端拨动时,琴弦可以分成几段振动。假如琴弦分两段振动,它的振动频率必定两倍于基音的频率,音高也提高一个倍频程(一个八度音)(图 2-3)。这种具有基音整数倍频率的声音叫作谐音（harmonic）或泛音（overtone）。

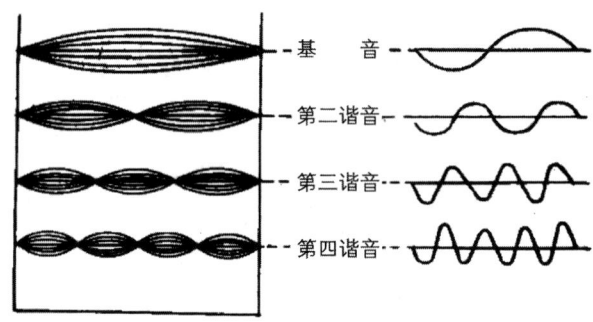

图 2-3　单根弦的振动模式及波形图

人声及一般乐器发出的声音，是由许多频率不同的声波合成的复音，其中不但有基音，也会有不少泛音（图 2-4）。复音的音高由基音的频率决定，而它的音色则由这个复音中包含的泛音数目及它们的相对强度来决定。不同泛音的数与量形成了不同的合成波形。比如频率为 100 赫兹的钢琴音调，除基音外，还有与其频率成整数倍的 15 个泛音；而同样频率的黑管，只有 9 个泛音。它们有不同的合成波形。

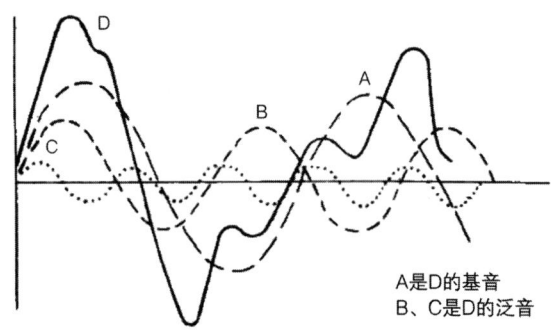

图 2-4　复音 D 的基音与泛音

不同的合成波形形成了不同的音色。

下面是几个频率不同的单波合成的波形。

丰富的泛音使声音动听。高泛音使人感到愉快明朗，低泛音给人以深沉有力的感觉。

产生不同音色的因素有三个：

一是，发音体不同。如丝、竹、金属及人的声带，发出不同的音色。

二是，发音方法不同。同一根弦用手拨或用琴弓拉，发出的声音不同。

三是，共鸣器形状不同，音色也随之改变。

在人类的言语声中，音色包含两方面的含义。一是区别不同的音素（音位），如 a 与 i 具有不同的音色。二是指不同的声音色彩，如因发音器官构造不同而形成的每个人的不同音色，使你能从千百人中辨别出你所熟悉的声音；而每一个人在发音时又由于不同的声门状态及对于共鸣器官的不同调节，能够形成千差万别的不同声音色彩。

在不改变响度级的情况下，人耳可以分辨大约 1400 个不同的音高。如果频率不变，人耳能觉察的不同强度级大约有 280 个。当频率和强度二者都允许变化时，人耳能分辨 30 万到 40 万个纯音，如果再加上各种复音，各种不同的音色，人类有多么强的听辨能力啊！

四、音长（time）

音长取决于发音体振动的持续时间。

在言语发声中，音长通常指音节的长短。音长的变化直接影响言语的速度，是组成言语节奏的重要因素。

现代汉语普通话每个音节的音长一般为 0.2—0.4 秒。从声音特性角度看，音色与音长、音强等特性的组合，在听觉上形成辅音和元音；音高与音长、音强等特性的组合，在听觉上形成声调（字调）和语调；而音色、音高、音长、音强的组合，在听觉上则形成语气与节奏。人们的口语是一串串连续的语音流组成的序列，它们随时间而变化。

第三节 | 共鸣

我们说的共鸣包括声学中的受迫振动及感应振动两种情况。

有一种经常见到的现象：当把一个发声体放到桌子上时，声音明显地加大了，这是发声体强迫桌面与之进行同一频率振动的缘故。桌面的振动面积大，这种受迫振动产生了更强的声音，而振动持续时间却相应地缩短了。提琴、胡琴等都是运用这一原理而产生较强声音的。绷紧在两个夹子中间的琴弦振动时产生的声音很微弱，而当弦跨在"琴马"上时，提琴面板被迫随着弦的振动而振动，声音的强度明显增大了。

另一种现象是，当我们在一个发声体的声场内，放上另一个与原发声体振动频率相同的物体或空气柱时，这个放入的物体或空气柱也会受感应而振动起来。同时，原振动体的振幅加大了。这是由于第一个振动体在空气中产生的压缩和稀疏状态，有规则地作用于第二个物体或空气柱而引起它的振动，这就是感应振动。同时，第二个物体的振动又反作用于原振动体，加大了原振动体的振幅。只要第二个物体或空气柱的振动频率是原振动体振动频率的整数倍时，这种感应振动就会发生。如果在一个发声体的声场内，同时放入几个振动频率与之成整数倍的物体或空气柱时，这几个物体或空气柱都能产生感应振动。

人能发出响亮悦耳的声音，就是共鸣的作用。单纯的喉原音是单薄无力的，但经过由喉至口唇的声道共鸣，声音变得又响又好听了。声道这个共鸣器包括若干腔体，它可以拉长缩短，可以变粗变细，有些共鸣腔可以变化大小和形状，甚至管壁本身的软硬度还可以有一定的变化，所以它的共鸣情况是比较复杂的。

人声的共鸣不仅有感应振动共鸣,还有强迫振动共鸣。一方面,喉原音的声波(声门波)直接进入各个共鸣腔产生感应共鸣;另一方面,喉原音通过软骨、肌肉直接传递到各个共鸣腔也产生强迫共鸣。因此人声的共鸣是复合共鸣。

喉原音经过声道的共鸣,有的泛音被加强了,有的泛音则被削弱或吸收了。声道状况的变化,使不同的泛音得到加强或削弱,从而使音色也产生了各种变化。

声道中充满了空气,空气本身也可以因受到刺激而振动发声。当空气柱作为振动体或共鸣体时,开管(两端开口的空气柱)或闭管(一端开口一端封闭的空气柱)的发声效应是不一样的。

当我们向闭管吹气时,管的开端空气分子运动幅度最大,而闭端阻止了空气分子的位移,运动幅度最小,造成高压。因此闭端是波节,开端是波腹。闭管有频率为基音奇数倍的泛音,即第三、第五、第七……泛音。

我们如果向开管的一端吹气,管的开端空气分子运动幅度最大,中间压力最大、运动最慢。从而管子中央形成波节,两端是波腹。开管具有频率为基音所有整数倍的泛音,即第一、第二、第三、第四……泛音(图2-5)。

一般认为,人的声道发音效应属于闭管效应,即喉部的声门闭合发声为闭端,口唇或鼻孔为开端。它具有频率为基音奇数倍的一系列泛音。如以声道长17厘米计算,其基音约为

500赫兹,有频率接近1,500赫兹、2,500赫兹、3,500赫兹等一系列泛音。但也有人认为,声道的振动效应类似于开管,即人的发音情形类似于双簧管①。

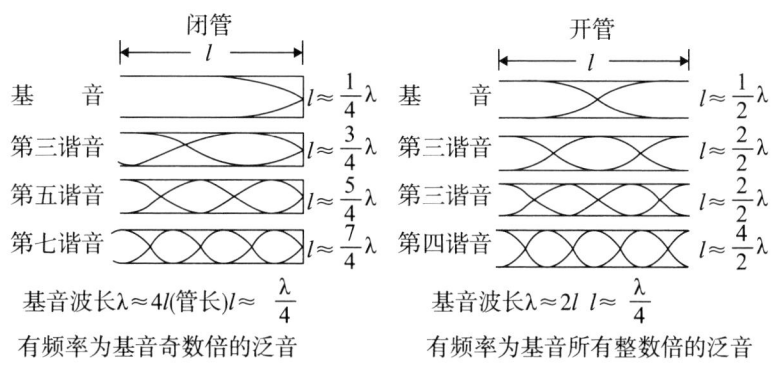

图2-5 闭管发声效应与开管发声效应

第四节 共振峰与元音的形成

大家一定曾经发现,当我们灌暖瓶时,暖瓶这个空气柱成了一个共鸣腔体。开始声音较低。随着水的升高、空气柱的缩短,声音越来越高。这就说明,大的、长的腔体振动频率较低,而小的、短的腔体振动频率较高。

当一个发音体引起空气柱的共鸣时,空气柱最适合的长

---

① 林俊卿.歌唱发音的科学基础[M].上海:上海文艺出版社,1983:106.

度，共鸣效应最好、声音最大。如空气柱稍长或稍短，仍可产生共鸣，不过声音小些。

共鸣器有自己的振动频率，它在发音体发出声音的不同频率成分中选择一定的频率成分发生共鸣，加以放大，形成一个共振高峰。同时也抑制或吸收另一些频率成分。共鸣器的这种特性在语音音色的区分上有重要作用。

说话时声带振动，产生基音的频率叫基频，用 F_0 表示，同时也产生范围很宽的许多附带的频率成分。这些频率成分大部分被声道共鸣腔所抑制吸收，有一些则因得到共鸣而加强，其中有的频率成分还得到特别强化，形成若干共振高峰。其中频率最低的最接近基音的共振峰叫第一共振峰，用 F_1 表示。随着共振频率的升高还有 F_2、F_3 等一系列共振峰。声道的各个共鸣腔体可以有种种形状，被强化的频率成分也不一样，有不同的共振峰值，因而形成不同的元音。在共振峰的频率中，最重要的是 F_1 和 F_2，它们各代表以它们为中心的一小批频率成分。

元音的音高取决于声带振动的基频 F_0。元音的音色则取决于不同的共振峰值 F_1、F_2、F_3，而它们又是由声道中咽腔、口腔、鼻腔等共鸣腔体的不同形态和容积决定的。共鸣腔体的形状一改变，音色就随之发生变化，比如由 a 变成 i，而音高则不受影响；反之，音高变化了，只要共鸣腔体的形状不变，音色就不会改变，a 还是 a，i 还是 i。

实验证明,F_1 与口腔的开度有关:口腔的开度越大,F_1 越高。而 F_2 与舌位的前后有所联系:舌位越靠前 F_2 越高;舌位越靠后,F_2 越低,这个降落是很明显的,甚至用耳朵都能察觉到。F_1 及 F_2 的变化趋向如图 2-6 所示。普通话元音共振峰平均数据见表 2-2。

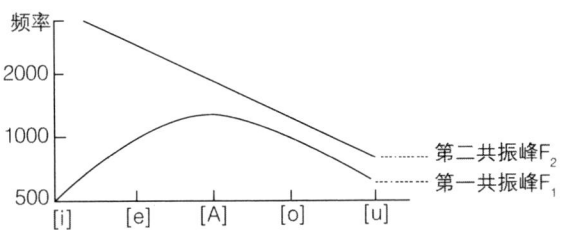

图 2-6　第一共振峰 F_1 与第二共振峰 F_2 的变化趋向

表 2-2　普通话元音共振峰平均数据

元素	Fo	F1	F2	F3
i	男 210 女 320	290 320	2360 2890	3570 3780
ü	男 210 女 320	290 320	2160 2580	3460 3700
ɑ	男 210 女 320	1000 1280	1160 1350	3120 2830
e	男 210 女 320	540 750	1040 1220	3170 3030
o	男 210 女 320	530 720	670 930	3310 2970
u	男 210 女 320	380 420	440 650	3660 3120

第五节 混响与吸音系数

声波在传播中遇到障碍时,一部分被反射,一部分被吸收。被反射回来的声音我们称之为回声。如果障碍物远,声音去回经过一段较长的时间,我们很容易分辨出原声与回声。当障碍物很近的时候,回声几乎与原声重叠在一起,使我们难于分辨,而觉得声音增加了响度。在屋子里说话感觉比在室外响就是这个缘故。

在室内发声,声源或已停止振动,声波仍旧要经墙壁、天花板等几次反射和吸收,才趋于消失。当声源停止振动后,声音在室内留存的现象叫作混响。混响时间的长短与声音的清晰度及悦耳的程度关系密切。如果混响时间过长,前一个声音还没有消失,第二个声音又出现,前后声音纠缠在一起,使声音混乱听不真切。如果混响时间过短,声音又会有"喑哑"的感觉,发音很费力。实验证明,比较适度的混响时间是1—1.5秒。

混响时间的长短除了与房屋体积大小成正比外,它与房屋内各反射面的吸音能力直接相关。如果反射面是软而多孔的,吸音系数大,吸音能力强,混响时间就短。如果反射面是硬而光滑的,吸音系数小,吸音能力差,混响时间就长(吸音系数指单位面积吸收的声能与投射来的声能的比值)。

下面是几种常用材料的吸音系数：

混凝土 0.015　　　绒幕 0.23

灰墙 0.02　　　　地毯 0.30

砖墙 0.03　　　　纤维板 0.35

木板墙 0.034　　　毛毯 0.50

玻璃 0.02　　　　打开的门窗 1

吸音系数不仅与播音室的混响时间有关，在言语发声中，它与发音质量也有关系：声道壁面越光滑而富韧性，吸音系数越低，发音的效能越好。

附录

计算混响时间的赛宾公式：

设 t 代表混响时间

v 代表房屋体积

α 代表吸音系数

s 代表各反射面面积

则 $t = \dfrac{0.163v}{\Sigma \alpha s}$

第六节　播音应用特点

言语发声牵涉到很多细致的心理因素,很难用物理的手段精确说明与度量,不少问题还属于未知领域。下面只是为了便于掌握自己的声音而做的约略叙述。

一、音高

除了男女声的差别外,由于每个人的发声器官都有自己的特点,能发的最低音到最高音的音域范围也有所不同。一般未经训练的正常人,音域范围为一个半到两个八度音(经过声乐训练可以达到三个八度),叫作自然音域。日常谈话的音高幅度变化仅为自然音域底部的五六个音。在自然音域中,除了发得不自如的最低及最高的两三个音,中间一段是自如声区。播音员的自如声区以能达到一个半八度以上为好,尤其是偏低的部分运用最多,要练扎实。如果音域窄,要在偏低部分练扎实的基础上逐渐扩展。

每个人的自然音域与发声器官构造特别是与声带状况有关,要根据自己的声音条件训练、使用,不能人为地吊高或压低声音。人为地吊高或压低声音都会使喉部处于不自然状态,反而会降低音高幅度的变化能力。

汉语是声调语言,每个字音都有其固有的升降曲直的音高变化形式,而其音高的变化幅度却是相对的、可以变化的。在言语流中,每个句子还有语调的音高变化。因而在播音发声中,就需要处理好字调与语调的关系。一般讲,字调的音高变化幅度要符合语调升降的要求,句重音的声调跨度可以大一些,其他非重音部分则相对小一些。如果为了字调的清晰而不适当地夸大了音高变化幅度,就会使语调的变化不明显,从而削弱语言的表达能力。

二、音量

播音发声音量运用的要求可以概括为如下三点:强度不高,幅度不大,层次宜多。

第一,强度不高。播音员面对话筒播音,话筒与嘴的距离不到一尺,用不着刻意扩大音量,这是播音发声的一大优越条件。对比于舞台发声,如话剧演员就必须扩大音量,否则坐在后排的观众就会听不见、听不清。这就要求演员必须扩大用气量,加大发音器官的紧张度。播音员基本在日常谈话的音量幅度内播音,这样利于控制,利于做强度方面细微的调整。有经验的播音员大都有这种体会:不扩大音量更有利于自如驾驭自己的声音,由于排除了扩大音量的负担,也较容易进入稿件内容要求的情绪状态。当然,播音的音量也不能过小,音量过小,吸气声和其他杂音就容易混入。由于每个播音员的声音条件及用声习惯不同,有的人声音强些,有的则弱些。一般男声强些,女声弱些;用同样的力气,经过训练的声音强度略高些。这都是很自然的,音量大小不可能有绝对标准。

第二,幅度不大。播音用声的音量变化幅度不能太大。一方面,人们听广播一般不像看电影、看话剧那样专注,往往是手里一边做着事情一边听,播音音量的变化幅度太大就会影响听感的清晰度。另一方面,电声传送的特点也不允许出现过强过弱的声音,猛然加大音量,话筒会爆出强烈的噪声,传输系统会自动削减音量;声音忽然小了,又会让人听不清楚。为了保持播音语流的稳定性,播音一般较多使用渐强音或渐弱音,较少突然地大幅度加强或减弱声音。音节上的强弱变化往往与音长变化相关联。当播音中需要用强音时,躯体往往要向后靠一靠,反之用弱声时,躯体要略向前倾,以调整口唇与话筒的距离,保证不出现过强或过弱的声音。

第三,层次宜多。音量方面的控制要细微,要能用多层次的强度进行表达。如果只是一味地强、一味地弱,或是只用"强""次强""弱"等几个音量层次,音量使用上的单调势必会削弱语言的表达能力,与人耳对音量的高度听辨能力脱节。

三、音色

从区别不同音位的功能方面看,每一音位所占据的不是一个点,而是一个区域。播音员要在每一音位区域的范围内尽量使声音发得优美动听。另外,播音员还要掌握一个音位区域内的不同变化所引起的听感上的不同感觉,以利于表达上的细微处理。

从声音色彩的角度看,同一个人在不同的情况下,带着不同的情绪发音,声音色彩也会不同。播音员不仅要学会控制自己的发音器官,发出虚实结合的柔和圆润的声音,还要学会变换声音色彩以适应千变万化的表达情感的要求。这里需要注意的是,既不能追求高亮的"金属声",也不能一味地用气音。"金属声"是歌唱的特殊要求,它具有"远射程"和穿透力强的特点,它可以穿透乐队的声音而响彻整个音乐大厅,这是因为它不同于言语发声,在 2,500—3,000 赫兹有一个明显的共鸣区。播音员不应追求这种声音色彩。女播音员"金属声"强会使人觉得过于锐利,不够柔和;男播音员的"金属声"则令人感到不自然、造作、女气。要知道,3,000 赫兹左右本是言语发声中女声特有的共鸣区。至于一味用气显然也不适宜。一方面气音的发声效率低,漏气过多,增加了吸气负担,容易出现吸气杂音;另一方面,多用气音也脱离了日常谈话的用声情况,给人以说悄悄话或故意作态的感觉,它与全用亮音同样是单调的,影响表达能力的扩展,特别是新闻性节目更不能多用气音。

四、音长

由于广播语言比日常口语负载的信息量大,播音速度一般比口语要略慢一些,音节的长度比口语要长一些。但加长部分并不完全平均分配在每个音节上,而是较突出地表现在重点部分,表现在句重音及重点句子等上面。实验证明,句重音的强调主要不是表现在加大音量上,而是表现在音时的延长上。声音时值的延续给听的人留下较深的印象,而且不像单纯用加大音量来突出重点那样给人以生硬的感觉。用加长音时的办法突出重点可以使语言较为流畅。值得注意的是,如果各个音节的时值过于平均,就会使语言呆板,削弱语言本身具有的节奏变化,降低语言的活力。因此,播音员应注意根据传情达意的需要,灵活处理音节长短疏密的变化,使之错落有致。

第三章
播音发声的心理基础

语言是人类社会特有的信息。语言过程,即信息的"编码—发送—传输—接收—解码"的过程。在语言过程中,除了传输这个环节外,无一不与人的心理活动相联系。

心理语言学是最新的一门边缘学科,它以言语信息传递的起点和终点——大脑作为研究对象。它主要探讨在大脑控制下产生和处理语言的步骤方式,以及语言信息在大脑里面储存的部位和形态。声音是通过耳朵传到大脑的,因此也要了解人耳的构造以及它在传递声波时的一些特性。在语言心理这个领域里,很多方面还是未知的。比如,编码和解码在实现语言的交际功能中是两个根本的环节,但是人类大脑怎样进行编码和解码,其中的奥秘至今尚不为人们所知,还有待于心理学家深入进行探索。

第一节　大脑及语言神经中枢

人的心理是人脑的机能,是人脑对客观现实的反映。人类所独具的心理、意识、言语、智慧及能力等重要特征并不是天生的,它是在人们的社会生活和社会实践中逐步产生、发展和完善起来的。虽然一个小孩从一出生就已经具有遗传下来的人的神经结构,但如果他从小脱离人类社会,就不会产生人所具有的脑的机能,不可能产生和语言相联系的抽象思维和人的意识,也就不会说话。

大脑主要包括左右两半球,两半球间有纤维联络。大脑表面由灰质组成,叫大脑皮层。大脑皮层的面积约为 2,200 平方厘米,折叠成球,凹下去的叫沟,凸起来的叫回。大脑重量约为 1,450 克,只占身体重量的 1/50 左右。大脑皮层的厚度仅 4 毫米,但分布的神经细胞却约有 140 亿个。脑皮层虽然很薄,消耗氧气的分量却占全身吸入氧气的 1/5。大脑对血液的需要量很大,从心脏压出的动脉血,有 1/5 是供大脑使用的。计算机科学家和仿生学家认为,一个人的神经系统相当于由几百万万个分布于全身的微处理机组成的网络,而大脑就相当于由一百万万个微处理机装配起来的信息处理中心。脑皮层对于信息存入所消耗的能量很少,效率却非常高。

整个神经系统分为周围神经系统和中枢神经系统。脑周围神经共12对,各司其职。周围神经系统包括传入神经纤维和传出神经纤维。中枢神经系统通过周围神经系统与全身的感觉器官及运动器官联系起来。

大脑皮层以下有间脑、中脑、小脑、脑桥、延脑、脊髓等部位,这是低级神经中枢,又叫皮层下中枢。高级神经中枢与低级神经中枢紧密联系,低级神经中枢受高级神经中枢的支配。

脑及神经系统基本活动的产生方式是反射。反射就是动物有机体借神经系统实现的对一定的刺激所做的有规律的反应。反射一般可以分成两大类:无条件反射与条件反射。无条件反射是动物和人先天就有的、不用学习就会的反射;条件反射是后天获得的、经过学习才会的反射。条件反射的过程是在大脑皮层上形成暂时神经联系的过程。

在有机体内部和外部刺激物的作用下,大脑皮层发生两种性质不同的活动——兴奋性的活动和抑制性的活动,产生高级神经活动的两个相对立的过程:兴奋过程和抑制过程。兴奋过程激发或加强与皮层的兴奋中心相关联的器官、腺体、肌肉的活动;抑制过程正相反,它停止或削弱与皮层的抑制相关联的器官、腺体、肌肉的活动。

人类的神经活动与动物有本质的不同。人类可以通过语言形成条件反射,可以通过语言使条件反射强化、减弱或消退。这就是巴甫洛夫著名的第二信号系统学说(巴甫洛夫把用具体的事物作为条件刺激物所建立的条件反射叫作第一信号系统,把用词作为条件刺激物所建立的条件反射叫作第二信号系统)。

人类的语言活动主要跟大脑左半球的某些部位相联系。实验证明,言语刺激能引起大脑左半球更大的脑电波反应。控制语言活动的大脑左半球主管理性的抽象思维,右半球更多地参与情感信息的处理,参与表情的产生。通过解剖可以看到,大脑左半球控制语言的有关部位比右半球的相应部位体积更大,结构也更复杂。

在语言活动过程中,起主要作用的有三个神经中枢:发声语言运动中枢(布罗卡区)、听觉语言感觉中枢(维尼克区)和视觉语言感觉中枢。早在1861年,法国外科医生布罗卡(Broca)发现了左侧大脑皮质中,有一个部位支配人的发音和说话能力,这个部位被命名为布罗卡区。如果这个部位受到损伤,人就会丧失说话能力。1874年,德国神经病理学家维尼克(Wernicke)又确定了大脑左半球中支配语言记忆和理解的有关部位,这个部位被命名为维尼克区。如它受损伤,人就不能理解别人的言语。第三个语言中枢——视觉语言感觉中枢把视觉与维尼克区联系起来,涉及书面语的阅读和理解过程,它如受到损伤,人就丧失了文字阅读能力。除了这三个中枢以外，还有一个书写语言运动中枢，主管书写及绘画能力。这些中枢是执行某种功能的核心部分，但各中枢间不是彼此孤立的，而是由联合性纤维交织成一个整体，总称大脑皮层语言区（图3-1）。（司歌唱能力的运动性音乐歌唱中枢在布罗卡区之后，如果损伤，人就不能唱歌，但仍保持言语能力。）

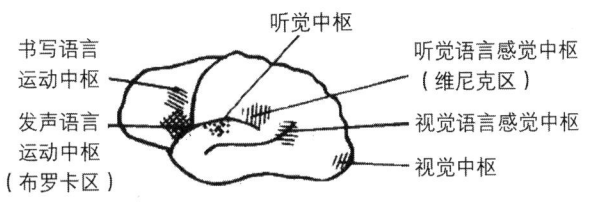

图3-1　大脑皮层语言区

新生儿的语言区是空白的，其功能的发展主要取决于外界环境。人在成长过程中，通过各种活动和教育，使"视"与"听"的感觉同发声和书写运动中枢逐渐结合，不断提高其功能。所以，播音发声是经过学习、锻炼达到较高发展水平的成果。

发声的中枢性控制有两种。一种是由延髓的皮质下中枢控制，这是自律性冲动的发源地，如日常的呼吸控制；另一种由大脑皮质的高级中枢控制，这是随意性发声运动的发源地，如由人的意志来支配呼吸的深浅快慢。

发言语声时，先是大脑皮质智慧细胞产生言语发声的构思，传至皮质的语言中枢布罗卡区，在这里产生语言发声器官的运动神经冲动，几经传导，由周围神经传到各发声器官而发声。

在 12 对脑周围神经中,第 5 对是三叉神经,第 10 对是迷走神经,它们对发声功能起着不同的作用。三叉神经为颅前部、面部、眼眶、鼻腔和口腔等处的感觉神经及咀嚼肌的运动、感觉神经。三叉神经支配区如果受到中等强度刺激,可引起包括声带肌在内的喉肌张力的增加,从而增加嗓音的鲜明性、活跃性和尖锐性。因而刺激三叉神经支配区,可以提高发声能力。比如前腭区,即上齿龈后面硬腭穹隆的一小块区域,就是控制发声的一个主要内感区。

声带运动受喉上神经、喉下神经支配,它们是迷走神经的分支。对迷走神经支配区域给予刺激,会使喉肌张力明显降低,对发声起消极作用,造成音量减弱,鲜明性减少,使声音黯然失色。这就是喉部越用力声音越暗淡的一个重要原因,严重的甚至会导致发声无力症。

第二节 言语发声系统

要完成言语发声的动作,就要及时检验发声效果,并根据它来不断调节发声器官的活动。这种通过效果检验以调节机体活动的方式叫反馈作用。当一个人说话给另一个人听时,听话的人实际上是两个,因为说话人不仅在说,同时也在听自己的声音。通过这种方式,说话人不断地将他实际发出的声音与他想要发出的声音做比较,并随时做必要的调整,使说话的效果符合自己的意图。

言语发声同时存在两种反馈系统:内部系统和外部系统。外部系统必须通过内部系统才能起作用。

一、言语发声的内部反馈系统

从说话人本身的角度看,言语发声系统属于闭合反馈系统。在发音过程中,有两种反馈渠道。一种是"物理反馈",说话人发出的声波回到自己的听觉器官去,对发音器官进行调节。这种物理反馈,在外部通过空气传导,在内部通过骨肉传导波,于是说话人就同时听见自己说话。另一种是通过神经系统的"生理反馈"。说话人的发音器官,如嘴唇、舌头、软腭、咽喉等都在运动,肌肉上的神经纤维把感觉信号传到大脑中枢,把动作的感觉反馈到大脑(图3-2)。

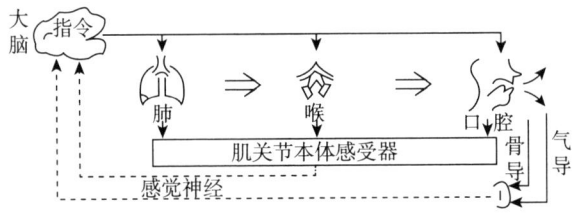

图3-2 语言发声内部反馈系统示意图

人们通过自身的反馈系统不断自动调节发声动作,而这种调节的精密程度可以随着练习而不断加强。从这个角度看,可以说,没有"听"就没有"说",因为听觉不灵,无法知道发出的声音是否合乎传情达意的要求,说话就成为不可能了。这就是许多聋哑人因聋致哑的缘故。

二、言语发声的外部反馈系统

从语言的社会交际功能着眼,话是说给别人听的。话说出去了,是否达到预想的效果,如何达到预想的效果,要根据听者的反应这个反馈信号来调节。这种外部反馈信号也是通过两条渠道输入的:一条通过听觉接收对方的言语反应,另一条通过视觉观察听者的表情反应。这种外部反馈系统对提高言语的效能起着相当重要的作用。

在言语发声过程中,内部、外部两种反馈系统同时起作用。但是,由外部输入的反馈信号必须通过说话人的内部反馈系统,才能对发声进行调节。因此,训练自身的内部言语反馈系统使之灵敏,对于提高言语效能十分重要。

第三节 听觉心理

人耳是一种非常灵敏的器官,能感觉到空气压力极微小的变化。它由外耳、中耳和内耳三个部分组成。外耳及中耳由鼓膜隔开,中耳里有三块听小骨,它们能扩大空气压力,使听觉更加灵敏。内耳包括前庭窗、耳蜗和半规管。耳蜗是转着卷起来的,由基底膜分为两部分。基底膜上附着很多复杂的毛细胞,构成柯蒂氏器,在它上面有很多很细的神经,最后组成两根相当粗的听觉神经,通到大脑。听觉神经是 12 对脑神经的第 8 对。

外耳不仅收集声波,而且还起共振作用。外耳道是一个闭管,长约 25 毫米,它的共振峰频率约在 3,400 赫兹,所以一般人对频率为 3,000—4,000 赫兹的声音最为敏感。

声波从外耳通过鼓膜经过听小骨传到前庭窗,前庭窗随之振动,使蜗管里的液体也产生振动,影响到基底膜。而基底膜受到影响的那一部分柯蒂氏器官上的神经就受到刺激,变成神经信号,传导到大脑。大脑听觉中枢根据传来的神经信号就能分析出那个声音的频率。离前庭窗近的振动频率高,离前庭窗远的振动频率低。人们分辨辅音、元音和声调、语调,主要根据频率的成分。

人类神经系统的构造大都遵循对侧原则,听觉也是这样。左耳接收的声波先到右脑,右耳接收的声波先到左脑。20世纪60年代以来,心理语言学家对于两耳听辨语音的能力做过大量的实验。从许多人的统计来看,听语言的能力是右耳占优势,因为大脑左半球主管语言和思维;而听音乐的能力是左耳占优势,因为大脑右半球主管音乐和形象。两耳分开听元音,能力差不多;分开听辅音,右耳比左耳强。声调主要是音高变化,虽然近似于音乐,但它有区别词义的功能,是语音系统的一个成分,仍是"右耳优势"。

研究言语声,仅从物理观点进行分析是不够的,还要从心理现象(即感觉现象)方面进行研究。比如,自然说话时,F_0随着不同的元音而改变,低元音比高元音的 F_0 低,可是听起来音高像是一样的;低元音的振幅比高元音的振幅要大得多,或许差几分贝,可是听起来好像一样响。音长也有类似现象,自然说话时,低元音一般比高元音长,有时可以相差15%—20%,可是听起来好像一样长。由此可见,言语声作为物理现象和作为心理现象并不总是一致的。有时测量结果和心理上、听感上的印象不相一致,个别情况甚至正好相反。

实验清楚地表明,言语声波的声学特征并不是用于言语识别的唯一有效的根据。当说话人在不同时间里说同一个词时,并不总是产生完全相同的声波。换句话说,一个词与特定声波之间的关系并不是一一对应的。听话人在识别言语时,也并不仅仅依靠他们接收到的言语声波的信息,而听话的总环境——上下文关系,强烈地影响着与特定的声波相联系的词的听辨。我们把一个特定的言语声波认作这个或那个词,是依赖上下文关系的。当听到某句话时,我们具有某种预测能力,能预料将要听到什么词。同样一段言语的声学特征,熟悉这段言语内容的人可以预测和辨认信息,而不熟悉这段言语内容的人预测力和辨别力就弱得多了。

第四节 播音发声的心理特点

播音员的播音发声不同于一般的言语发声,在心理方面也有自己的特点。

一、播音发声心理过程的特殊性

日常说话,是边想边说。即对外界事物的感知经大脑形成构思,直接通过发声语言运动中枢而形成言语声。言语声是语义信息与情感信息的共同载体。而有稿播音的发声心理过程却要复杂得多。

感知外界事物而形成构思这一过程,是写稿人完成并写在稿纸上的。播音员在拿到稿件后,首先运用视觉看稿,通过视觉语言感觉中枢对稿件内容进行理解;然后借助记忆材料,运用想象、联想,以获得类似写稿人那样的对事物的具体感觉;最后通过发声语言运动中枢发出声音,其中最主要的是理解与感受这个环节。

简而言之,说话的心理过程是"想→说";播音发声的心理过程是"看稿→理解、感受→发声"。由于播音发声的心理过程较复杂,如果有一个环节处理不当,就可能发出无意之声、无情之声,使听者无法接受。

(1)草率对待"看"这个环节,容易出现与稿件不符的错漏。因为写稿人的表达习惯不可能与播音员的表达习惯完全一致,不注意稿子是怎样写的自然容易出现错漏。如果过于重视"看"这个环节,又容易"咬文嚼字",影响听者对全句、全文的理解。

(2)播音员的大忌是把文字仅仅看成声音的符号,见字发音,而忽略了理解感受这一最重要的心理感知环节。这样势必导致播音员只是念字,发出无意之声、无情之声。在理解感受过程中,左右大脑半球都要起作用,不能偏废。过于偏重对稿件的理性分析,只注重用左脑,声音就容易缺乏情感;过于偏重感受,不注意语义逻辑,又容易造成表达的义理不清。

二、播音发声反馈系统的特点

显而易见,在播音发声时,由于看不见听众,播音员无法借助外部反馈信号调节自己的声音,这就为充分发挥言语效能形成一重障碍。为了弥补这一缺陷,播音员必须借助大脑的记忆与想象功能,在日常与群众谈话中,注意听者的反应,把它们储藏在自己的记忆宝库中。播音时,听者如在眼前,播音员要在想象中建立起一个外部反馈系统。

另外,在运用内部反馈系统进行声音调节时还要注意如下两点:

(1)别人听自己的声音是通过空气传导的,而自己听自己的声音时,除了能听见空气传导的一部分声音外,还有骨肉传导的成分,与别人听的感觉是不一样的。日常说话没有声音质量的要求,这个问题不明显。而播音发声的质量要求比较高,我们就要了解这一差别,而不要一味追求自己感觉"好听"的声音。

(2)播音员的声音经过电声传送才能进入听众的耳朵,这与通过空气传导有所不同。在电声传导过程中,声音有所增益,也有所损耗,因而,播音员应经常通过录音及听自己播出的节目等方式来检验发声效果,对声音进行调整。

三、播音发声的听辨特点

了解影响听众听辨力的心理因素,对改善播音发声及整个播音有一定意义。

(1)为了从上下文的联系中使听众便于听辨、理解,播音员播音时不应着意于单个音节及词的发音,而应把注意力放在句子与段落的内容联系上,这样才能使语言流畅、生动,让观众听来通俗易懂。事实上,我们在日常谈话时就是这样想和做的。如果把注意力放在让每个词发音清晰上,主观上是为了使听众听清楚,实际上却降低了语句的可听辨程度,整句话以至整篇内容反而变得让人难以理解了。

(2)听众对熟悉的内容更加容易辨认,所以播音员应考虑稿件中哪些内容是为一般听众所熟悉的,哪些内容是一般听众所不够熟悉的。对那些听众不熟悉的内容,特别是一些重要的内容,播音员要适当加以强调,让听众不至于因为听不明白个别地方而丧失收听兴趣。我们应时刻记住播音的这样一个特点:听众不能即时向我们提出问题,播音员也不能重复已经说过的话。因此播音员必须在让听众听明白的方面下一番功夫。

第四章
发音吐字训练总说

第一节　发音与吐字

任何一种乐器都是由动力、振动体及共鸣器组成的,人类发音系统也一样。人们以呼出的气息为动力,使喉部的声带振动发音,经由喉至口唇的声道共鸣而美化、扩大。但是人类的言语声还有一个重要环节——吐字,它使人类的声音获得了为其他任何乐器所无法替代的声音表现力。

一、发音是动力、振动、共鸣的综合运动

气息与声带联合动作而发音,两者配合的状况决定喉原音的状况,经过一系列共鸣才成为人们听到的声音,这三个部

分是协调作用的。在气息与声带两者的配合中,气息的作用更主动些,因为声带的活动在很大程度上受气息状态的制约,比如强气流通过喉部发音时,两声带会自动紧闭,甚至假声带也会靠拢以帮助阻挡气流。共鸣与气息状态也直接相关,比如较高的共鸣需要比较强一些的气流,而较低的共鸣需要的气流量则较大。由此可见,在发音的三个环节中,气息控制是较重要的一环。如果能自如地控制气息、调动气息,发音问题就已经解决了一大半。

二、对吐字环节要给以充分重视,妥善处理发音与吐字的关系

在有声语言中,语义必须通过语音体现。汉语的字(即词素或词),是语言构成的基本单位。我们必须通过吐字才能发挥语言表情达意的功能。从这个意义上说,字是意与情的载体。播音员要想准确、鲜明、生动地传情达意,必须充分重视吐字这个环节。

在处理发音与吐字的关系时,要"以字带音",即发音要服从吐字的要求,而绝不能以音害字,也不能单纯追求声音"像银铃""如洪钟",好的声音要通过吐字表现出来。

播音员的发音要符合语音规律的要求,发音的部位、方法都不能脱离准确普通话语音所允许的范围,也不应远离生活

语言而去追求某种特殊的音色。

在实际运用中,发音与吐字是紧密相连的整体,不能截然分开,在对二者进行阐述时也必须兼顾。比如口腔既是咬字器官,又是主要的言语发声与共鸣的器官,研究吐字问题时必然涉及口腔共鸣的运用,要想使吐字饱满、有力度,就必须有气息的支撑等。

三、对诸发声器官要有所了解

为了改善发音、吐字的质量,我们对发声器官,包括动力器官、振动器官、共鸣器官及咬字器官的生理机制要有一个基本的了解。这不仅有利于我们控制、运用发声器官,还能帮助我们找到改进发声的途径,避免在实际运用中走弯路。

第二节 发音状态与感觉

一、发声时的精神状态——积极、松弛、集中

人的精神状态对发出的声音有直接的影响,只有当人处

在最佳状态才能产生最佳效果。发声时应具有什么样的精神状态呢？

积极：精神是振奋的、积极的，神经的传导作用敏锐而迅速，这时，声音就会像一股暖流从胸中流出。如果以消极被动、应付差事式的精神状态发声，神经的传导作用迟滞，声音也会是疲沓的、冷漠的。在学习过程中，状态积极的含义还包括学习态度要积极，有目标、有信心、有步骤。

松弛：从精神到全身肌肉都是放松的，反应灵活，毫无紧张僵硬感。要知道，精神状态与全身肌肉状态是互为影响的。精神的紧张会导致肌肉的僵硬，在发声中最常见的表现就是气促、喉紧、"声音不听使唤"。反过来，肌肉的僵硬也会导致精神状态的不舒展，比如胸部僵硬、喉部束紧都会使感觉迟钝，不利于播音时感情的传递。当新手在话筒前感到精神紧张时，有经验的播音员往往这样提醒他："坐舒服，肩放松，从容地深吸几口气。"这会让其紧张的状态得到缓解。"人只有在松弛的状态下才能自如地控制声音"，这是经验之谈。

集中：精神集中于发声欲达的目的。在实际播音时，播音员的精神应集中于所播内容，防止混入杂念。在进行发声练习时，播音员的精神应集中于要解决的问题，这样自我反馈灵敏，调整及时，可以收到较好的练习效果。最忌讳散漫无目的地练声。不要以为多练几遍一定会有明显的效果，漫无目的或目标不集中都会影响练习效果，甚至可能会巩固错误的方法,适得其反。

保持积极、松弛、集中是对发声时精神状态的整体要求。状态积极、集中却不松弛,易成僵滞;状态松弛却不积极、集中,便成松懈,这些都是不利于发声的。

二、练习姿势舒适,有利于发声

发声姿势直接影响发声质量,所以我们应该养成良好的发声习惯,用正确的姿势发声。如果长期使用不正确的姿势发声,不仅影响发声能力的进步,甚至会产生严重的后果。比如经常侧头发声,会使左右两声带不均衡。弓腰、驼背发声则不利于呼吸、不利于健康。此外,伸颈以靠近话筒的习惯也是必须改掉的。

那么,正确的姿势应该是什么样的呢?肩垂,颈背松而直(腰不能挺),躯体略前倾,小腹微收,舒服地坐于椅子的前端,两肘松弛地放于桌上,双手拿稿,略离桌面,两脚自然着地。这是坐着练习的姿势,也就是日常播音的姿势(电视播音员出图像时,躯体不必前倾)。

在播音创作过程中,头部、躯体及上肢都会有些活动,但幅度不能太大,要注意避免像打拍子样地点头或挥手。活动幅度大了,嘴与话筒的距离、角度变化也就大了,会使声音忽强忽弱,电视形象也不稳定。像打拍子样地点头、挥手,会影响播音的节奏,不利于表达。

播音员在大部分情况下是坐着工作的,个别场合也要站着或在轻微行走中播音。练声的姿势也分坐姿和立姿两种。在很多情况下,播音员是在户外空气新鲜的地方练声的,这时就要用立姿。

立姿是一脚向前伸出半步,身体重心放在伸出的前脚掌,后脚自然跟上,成"丁字步",两臂自然下垂或两手轻扣于胸腹前。这时胸自然挺起,小腹微收,肩下垂。这种姿势有利于胸部的扩展,可以自如地移动身体重心及活动上肢,姿态也较优美、健康。男子可以采用两脚平稳分开的姿势。

三、发声的综合感觉

对发声的调整只能靠我们的感觉。发声时发声器官是在大脑中枢的控制下统一行动的,发声感觉也是综合感觉。在学习阶段,为了便于学习和训练,我们不得不把这个整体分解为若干部分,但各个部分的训练都是为了取得正确的总体感觉。

发音吐字的综合感觉应是:声音像一条有弹性的带子,下端从小腹拉出,垂直向上,至口咽,沿上颚中纵线前行,受口腔的限制形成字音,字音好像被"吸着"而"挂"在硬腭前部,由上齿处弹出,流动向前。有人这样形容这种感觉:言语声的链条像一串明珠从口中流出。这条弹性带子随播音员感情的变化而收纵自如。

如何才能取得这种总体发声感觉呢？大致可概括为如下几句话：

气息下沉，喉部放松；

不僵不挤，声音贯通；

字音轻弹，如珠如流；

气随情动，声随情走。

前四句讲发音，五六句讲吐字，最后讲取得声音弹性的窍门。下面将分成若干章对其进行深入探讨。

第五章
气息(呼吸)控制

呼出的气息是人体发声的动力来源,声音的强弱、高低、长短以及共鸣状况,与呼出气息的速度、流量、压力大小都有直接关系。气流的变化关系到声音的响亮度、声音的清晰度、音色的优美圆润、嗓音的持久性及情绪的饱满充沛。换句话说,只有控制好气息,才能控制好声音。控制气息是练习发声的根本一环。

古人在研究唱法时,很早就注意到了气息的作用。唐代段安节在《乐府杂录》中说:"善歌者,必先调其气,氤氲自脐间出……既得其术,即可致遏云响谷之妙也。"

在实际播音中,气息的作用不仅限于提供发声动力,它还是一种极重要的表达手段。气息是"情动于内"与"声发于外"的中间过渡环节,是情与声之间必经的桥梁。只有在"气随情动"的情况下,声才能随情而变化。从这个意义上讲,气息控制是由情及声、由内及外的贯穿性技巧。要想使声音能自如地表情达意,我们必须学会气息的控制与运用。

第一节 播音对气息的要求

播音对气息控制的要求主要是有较持久的控制能力,保持较为稳定的气息压力,根据需要及时补气,在相当幅度内做细微的调整,做到短时无声吸气。

一、有较持久的控制能力

播音工作以个人的独立创作为主。根据稿件长短,播音的时长不同,或播几分钟、十几分钟、几十分钟,最长的稿件需播一至两个小时。长稿往往是气势较大的政论性文章,要求声音由始至终保持一定力度,不减不衰,让人听起来从容不迫,这就要求播音员对气息有较持久的控制能力。如果不具备这种能力,播音员播起长稿来可能刚开始还比较从容,之后气息越来越弱,到最后播音或是声嘶力竭,或是有气无力,这显然是不符合要求的。

二、保持较为稳定的气息压力

吸气后说一句话,一开始气出得较多、压力较大,后边就弱下来,这是对气息没有控制的表现。播音时这样用气就不行了。如果每次吸气后,呼气与声音都是前强后弱,就会形成一种固定腔调。播音员要根据节目内容的要求调整气息压力,无论句首或句尾,需要气息强时就强,需要气息弱时就弱。因此,播音员在播音时的吸气量要大于日常谈话,呼气时保持较为稳定的气息压力,在这个基础上进行调整。

三、根据需要及时补气

广播语言的句子长度一般比口语大,结构也比较复杂,间歇时间比口语短,所以在播音时要想把每个句子播得完整而有层次,就需要按照句子结构用气,绝不能随时停下来换气,破坏句子的完整性。因此要求播音员呼气持续较长的时间,更重要的是要学会补气、偷气。

四、在相当幅度内做细微的调整

对气息的控制要收纵自如,达到"自动化"的程度。节目形式、内容的多样化对播音员的声音提出色彩多变、富于弹性的要求,而声音的变化无不与气息的变化密切相关,并且是以气息的变化为基点的。要想使声音收纵自如,先要能自如地控制气息。播音员对气息的强弱、频率要有较好的控制。播音不能像唱歌那样按照一定的符号标记对气息进行控制,基于播音短时备稿和形式内容灵活多变的特点,播音员必须学会下意识地控制气息,让气息自然地随感情的需要而变化。这就要求播音员熟练地控制气息。播音要求有情绪贯穿,讲究"一气呵成"。播音员对气息的控制做到"停而不断",始终是有控制的,任其起伏抑扬,总有"一口气"贯穿其间。

五、做到短时无声吸气

播音员能够进行较长时间的呼气以及保持一定的气息压力。播音时的吸气量比日常说话时要大一些,吸气速度要快一些。播音员的嘴距离话筒很近,话筒的灵敏度又比较高,很容易在声音里混入吸气时发出的杂音。吸气杂音越多,声音听起来越不从容,甚至使人厌烦。因而播音员必须学会在短暂的时间内无声地吸气。

第二节 呼吸器官

呼吸器官主要由肺、胸腔及膈肌(横膈膜)三部分组成,这三者是一个统一的联合体。

肺分左右两侧,膈在肺的下面,膈以上是胸腔,膈以下是腹腔(图5-1)。

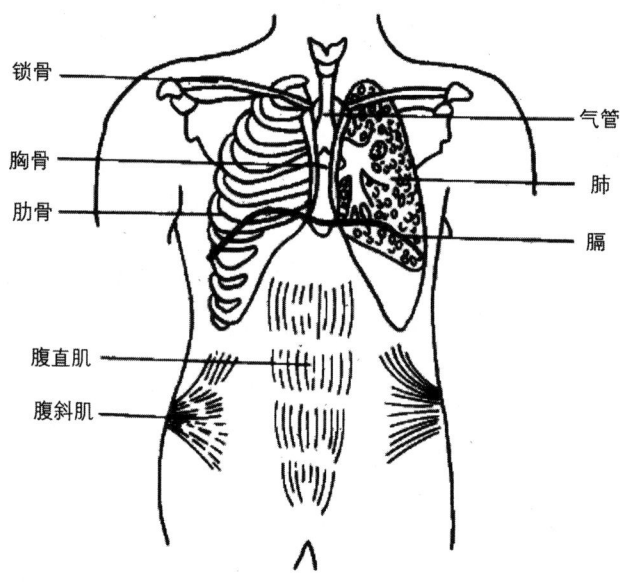

图5-1 呼吸器官与腹部肌肉

一、肺

　　肺由含有许多弹性纤维的上皮组织组成。肺中有空的肺泡，形状如同海绵，具有明显的伸展性和弹性。肺上端是气管，和口鼻腔通连。气管入肺的地方分成两大支，再分成若干小气管支，小气管支又分成许多微气管支，最后通向肺泡，布满肺的全部。吸气时，肺的容积增加，肺里的气压低于大气压力，空气就通过口鼻、气管、支气管而被吸入肺内。呼气时，肺的容积缩小，肺里的气压高于大气压力，气息就从肺里排出体外。这被呼出的气息就是言语发声的动力源。

　　肺的容积是怎样改变的呢？肺虽然具有伸展性和弹性，但它本身没有力量改变容积与压力。肺容积是随着胸腔容积的改变而改变的。因为肺在胸腔中，肺表面附着在胸廓内部（隔着胸膜腔）。当胸廓扩张时，肺也随之扩张，气被吸入；当胸廓回缩时，肺也随之回缩，气被呼出。而胸腔容积的改变，取决于胸腔壁许多肌肉的伸缩情况。

二、胸腔

　　胸腔的外面是胸廓，下面是膈肌。胸廓像个笼子，后面中间立着脊柱，前面中间立着较短的胸骨。从脊柱两侧伸出十二对弓状的肋骨,弯至胸前,上面的十对通过软骨与胸骨相连,下面的两对不与胸骨连接,叫浮肋。肋骨之间有两层肌肉,外层的叫肋间外肌,里层的叫肋间内肌。吸气时,肋骨向上、向外扩张,增大胸腔的前后径和左右径;呼气时,肋骨回到原位,胸腔缩小。一般这种呼吸被称为胸式呼吸。

三、膈肌（横膈膜）

膈肌位于肺的下面,是一层富于弹性的肌肉,它的边缘和肋骨缘相连,把胸腔和腹腔隔开。膈有两个穹隆部,这两个穹隆部的顶都朝着肺底部。吸气时,膈肌收缩而下降,胸腔容积上下扩大。这时隔肌压迫腹腔内的器官,使之向下、向前移动,于是腹壁明显地鼓起来。呼气时,膈肌逐渐上升恢复常态,胸腔的容积上下缩小,腹壁也随之瘪回去。根据生理学知识,膈每下降1厘米,胸腔容积增大250—300毫升,膈的高低位置最多可相差3—4厘米。可见膈肌的运动对呼吸量的增加多么重要。一般这种呼吸被称为腹式呼吸。

由此可见,肺呼吸是建立在胸腔容积的扩大和缩小上的。我们称能使胸腔容积扩大的肌肉群为吸气肌肉群,使胸腔容积缩小的肌肉群为呼气肌肉群。胸腔容积的变化就是这两组肌肉群动作的结果。吸气肌肉群主要有膈肌、肋间外肌、上后锯肌、横突肋骨肌及胸大肌等。这些肌肉的收缩,可使膈下降,弓形的肋骨提高和扩展,胸的容积因而扩大,气流被吸入。呼气肌肉群主要有肋间内肌、下后锯肌、腹横肌以及腹直肌、腹内和腹外斜肌等。这些肌肉的收缩,都起下拉胸廓的作用,因而使胸腔缩小,气流被挤出口外。

人在安静状态下的呼气量与吸气量平均约500毫升。一般吸气后,还可以深吸进约1,500毫升气。同样,在一般呼气后,还可再深呼出约1,500毫升气(此时,肺内还有余气约1,500毫升)。一次最深的吸气到最深的呼气量就是肺活量。男性的肺活量平均约3,500毫升,女性肺活量略小。

呼吸节律的快慢与深浅同身体的状态有关:安静状态下,一吸一呼的持续时间是3—4秒,每分钟呼吸次数约为16—20次。

人的精神状态与呼吸也有一定关系,当人们的情绪发生明显变化时,呼吸节律和深度会发生各种不同的变化。

第三节 生活状态下的各种呼吸方式

人在安静时的呼吸多为腹式呼吸。胸廓没有明显活动,主要靠膈肌的收缩与放松,上下移动约12毫米,腹壁随之一瘪一突。这是人在坐着用脑或睡眠时的一般呼吸状态,进出气量不大。

当生活中需要较大些的呼吸量、腹式呼吸不能满足需要时,在膈收缩下降后,胸廓下部逐渐扩张,腹腔上部被带动扩大,小腹回收,出现了生活中的胸腹联合呼吸,也就是通常说的深呼吸。由于这种呼吸方式是在腹式呼吸以后出现的,因而吸气所用的时间比较长。

人在进行体力劳动时需要更大的呼吸量。吸气时,胸骨、肋骨提高,胸廓扩大,膈明显下降,腹前壁突出,吸入较大气量。呼气时,吸气肌群一齐放松,而呼气肌群则同时收缩,加上胸廓具有的回弹力量,胸廓很快回缩,将气迅速排出。进出气量大而较急促,胸腹部大起大落。这种呼吸方式在人的情绪紧张时也会出现。

生活中一般没有单纯的胸式呼吸。只有当膈肌的收缩发生障碍时,才可能出现胸式呼吸。

一般呼吸的呼气时间与吸气时间相差无几,呼与吸的时间比约为1:1.2。言语呼吸则与此不同,吸气时间短而呼气时间长,进出气量比安静呼吸时大,呼气比劳动呼吸平稳,一般采用较深的腹式呼吸,必要时也用生活状态的胸腹联合呼吸。吸气时,膈下降,下胸部的前后径略微扩大;说话时呼气,吸气肌放松,胸廓回弹,呼气肌群也参加作用,以保证呼气的深度与压力。这个时候,呼吸次数由安静时的每分钟16—20次,降到每分钟 8—10 次,呼与吸的时间比由 1∶1.2 变到 1∶5 至 1∶8,呼吸气量由每次约 500 毫升,加大到每次 1000—1500 毫升。

生活中的呼吸是不用主观控制的自动反射活动。自动控制呼吸的神经中枢位于延髓。

第四节　播音发声的呼吸方式

很明显,生活中的呼吸方式不能适应播音发声的要求。播音员必须学会有控制地进行胸腹联合呼吸(图 5-2)。

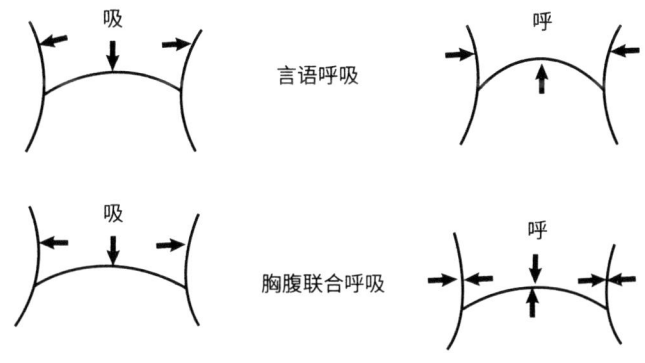

图 5-2　言语呼吸与胸腹联合呼吸

生理学表明,运用相互对抗、相互制约的力量,才能对机体的某部分进行调节、控制。呼吸控制就是吸气肌肉群与呼气肌肉群的对抗,外部表现为两肋与小腹的拮抗力量。这种呼吸方式与生活中言语呼吸方式最大的不同点在于:吸气肌群不仅在吸气过程中起作用,在呼气过程中它们仍继续工作,与呼气肌群形成对抗力量,以控制呼出气流的疾徐强弱。

吸气时,吸气肌肉群收缩,口鼻同时进气,把气深吸进肺的底部,膈肌下降,下肋同时向两侧扩张。由于胸腔下部及腹腔上部扩展开来,此时感觉腰部发胀、腰带渐紧,小腹随之逐渐收缩。

呼气时,吸气肌肉群不是像生活中讲话那样放松下来,而是继续工作,小腹保持收缩的状态以维持两肋的扩张。同时,呼气肌肉群做回弹式的全面收缩。当收缩力超过扩张力时,两肋才缓慢回缩,膈肌缓慢上升,气息缓缓流出,小腹也随之逐渐放松。由此可见,呼气动作是在吸气肌肉群与呼气肌肉群相对抗的情况下完成的。只要适当调节吸气肌肉群的收缩张力,就可以控制气息的流速和压力。由于对呼吸起巨大作用的膈肌是不随意肌,而腹肌是随意肌,我们可以用小腹的收缩感来控制呼气,因而在发声训练中,小腹被称为"气根""气息支点",也就是我国传统声乐中所说的"丹田气""气自脐间出",因为古人把脐下三指处叫作丹田(图5-3)。

与生活中的呼吸状态不同,播音用气过程中,小腹始终处于微收状态。膈肌由于下腹肌收缩产生腹压而维持一定的张力,使两肋处得到支撑。吸气时,两肋快速扩张,从而加快了

第五章 气息(呼吸)控制

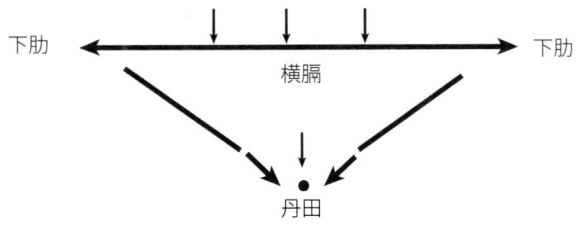

图 5-3 丹田气肌肉力量

吸气过程。

综上所述,胸腹联合呼吸总的感觉是:小腹微收,随着气流从口鼻被吸入肺下部,两肋向两侧扩张,腰带渐紧,小腹随之收缩。呼气时,保持腹肌的收缩感,以牵制膈与两肋,使其不能迅速回弹。随着气流缓缓呼出,小腹逐渐放松,但最后仍不失去收住的感觉,膈与两肋在这两种控制下逐渐恢复自然状态。

播音发声的强度变化灵活,而发声的变化幅度不像声乐那样大。播音与声乐都采用胸腹联合呼吸,但控制的强度不同,特点也不同。播音发声音高、音强的变化幅度都不像声乐那么大,空气吸入量比唱歌要少,一般吸五六成满,必要时可以吸七八成满。播音发声不要求像声乐那样吸气时胸腔的上下、前后、左右径都扩大,因而小腹也不像唱歌时那样紧张,特别是不能像唱高音、强音那样用收紧小腹的方法"顶气"。播音发声时要有用小腹把声音弹性带下端"拉住"的感觉,即"拉住"气息使它不至于无控制地向上冲,而要气息听从小腹的指挥。这种"拉住"的感觉来自控制膈肌回升的向下的力。如果我们不注意播音发声的这个特点,错误地认为吸气量越大越好,吸到八九成满,这不但增加了控制的难度,而且容易造成气息及声音的僵化,失去播音发声所需要的气息灵活变化的能力。假如我们发声时有意识地向外送气,则不仅会缩短用气时间,使发声吃力,而且发出的声音也会因掺杂过多的出气噪音而影响圆润度。

胸腹联合呼吸的突出特点是气下沉、两肋开、小腹收。切忌吸气时有意识地使腹部瘪缩,那样会把腹腔内的器官挤到上腹部而阻碍膈肌的下降,致使气吸到上胸部,出现违反自然呼吸状态的锁骨式呼吸,吸气量既小,又无法控制。有的播音员反映,"越想多吸气,气越不够使",往往就是因为采用了这种不正确的呼吸方式的缘故。检验的方法很简单,如果发现吸气时有两肩上耸的现象,就表明气吸到上胸了,没有沉下去,必须及时纠正。

正确的呼吸方式不仅能使呼吸、振动、共鸣、吐字等器官肌肉的能量消耗减少,同时也使各发声器官肌肉与下腹肌肉之间的协同动作得到保证。掌握了控制呼吸的能力可以使声音丰满圆润、刚柔相济,也有利于喉部健康。

第五节 气息运用的感觉与特点

要想自如地控制气息,首先要了解气息运用的感觉与特点。

一、流动感是气息运用最重要的感觉

气息的活力源于流动。有人比喻说,气息好比声音的血液,气息的流动形成声音的活力。也有人说,呼出的气流像山间小溪,小溪流动不停,随石随坡而萦回,时而跳跃,时而平缓,不断向前。气息也是这样,随思想感情的运动变化而有强弱疾徐变化,从容而有节制。

流动感最明显的是吐字阶段。气息的流动使颗颗字音形成的珠链从口中吐出,流动向前。

气息的向前流动感与气息被小腹向下拉住的感觉又形成一对矛盾的力量。如果拉而不流,声音就会僵滞;反过来,如果流而不拉,气息又会失去控制。下拉上流,就形成了声音弹性带的感觉。而这个弹性带的枢纽在小腹。

二、控制气息流动的钥匙在小腹

在发声过程中,小腹始终处于工作状态,也就是保持一定的紧张度,要求"小腹微收"。小腹是随着发声的需要而改变紧张度的。需要发较高、较强的声音时,吸气量较大,呼气压力大,小腹控制比较紧张;需要发中间偏低、中等强度声音时,气吸五六成满即可,呼气的压强不大,小腹控制比较松而灵活,发声效率较高。发低音时,小腹控制松,而进出的气量比较大。播音发声多在中低音中等强度的基础上灵活变化,腹肌调节适度而灵活,能使声音得到有弹性的气息的支持。

三、补气的"橡皮球"感觉

播音时,播音员要根据稿件的需要进气,在使用过程中及时补充,使气息经常处于有余力的状态,这样播起来才能从容不迫,不致气喘吁吁或声嘶力竭。因此,在句子进行中不留痕迹地快吸补气,就成了播音员必须学会的一项用气技巧。补气的感觉是这样的:当小腹与两肋的拮抗使胸廓处于适度扩张的状态时,胸廓就成了一个充满气息的有出口的"橡皮球"。随着气息的外流,小腹与两肋逐渐松下来。补气时,小腹一收,两肋同时张开,气息便"自动"地经口鼻补充进来,使"橡皮球"又鼓起来。

四、"一气呵成"之感的形成

播音播得好,会有"一气呵成"之感。这种感觉首先来自情感的贯穿,而气息的运用也起一定作用。播一篇稿件,从始至终,气息都要处于有控制状态,就是说,胸廓要始终是个"橡皮球",不能中途"泄气"。即使在层次间的大停顿处,胸廓松下来了,小腹也仍然要处于微收的状态,不能完全松下来,以适应感情转换的需要。这样气息"停而不断",给人"一气呵成"之感。等到整篇稿子播完,再完全放松,使呼吸恢复生活状态。

五、气息强弱疾徐的弹性变化源于感情的运动

感情的运动是推动气息变化的内在动力。如果不动情,气息状态凝滞不变,声音便呆板苍白,缺乏活力。如果感情动了,而气息不能随之自如变化,声音也就不可能自如变化,便会大大削弱语言的表现力。以感情为契机调节气息的运动变化是呼吸控制的高级阶段。

第六节 气息控制基础练习

呼气时两大肌群的对抗,与日常呼气状态不同,因此必须通过训练建立新的习惯,以适应播音用气的要求。训练的幅度要大于实际运用幅度。训练开始阶段,我们会感到两肋发酸,这是吸气肌群由日常的一紧一松的状态变为持续紧张的状态而造成的,练习一段时间,这种酸累感就会消失。

一、基本状态练习

练习一:坐姿。

(1)完全放松地从容地吸气。此时,腹壁逐渐突起。

(2)呼气,腹壁逐渐恢复原位。

(3)保持腹肌的收缩状态再吸气,此时两肋缓缓向两侧扩张,小腹逐渐收紧,这就是我们要求的吸气状态。

(4)保持一两秒钟,缓缓呼出。

(5)重复做(3)(4)。

练习二:在练习一的基础上,呼气时撮口缓缓地吹或发 si 音,要求气息均匀而缓慢地流出。在重复做此练习时,呼气时间逐渐延长,以达到 25 秒至 30 秒为合格。

练习三:坐姿,躯干略前倾,小腹微收。

(1)从容地吸气,感受气好像顺脊柱而下,后腰部逐渐有胀满感,两肋向外扩张,小腹逐渐收紧,吸气至七八成满。

(2)控制一两秒钟,再缓缓呼出。

(3)重复此练习,呼气要求同练习二。

这一练习的目的与练习一相同,都是体会胸腹联合呼吸的基本状态,可以选做其中之一。

练习四:立姿,胸自然挺起,两肩下垂,小腹微收。

(1)从容地如闻花香般地吸气。感觉两肋渐开,至八成满。

(2)控制一两秒钟,再缓缓呼出。

(3)反复做。在此练习基础上做练习二。坐或立姿。

两臂向两侧自然平伸,与肩平;

缓缓地深吸气,感觉两肩胛骨向左右两侧移动,臂膀有伸长感;

缓缓呼气,两肩胛骨逐渐恢复原状(图5-4)。

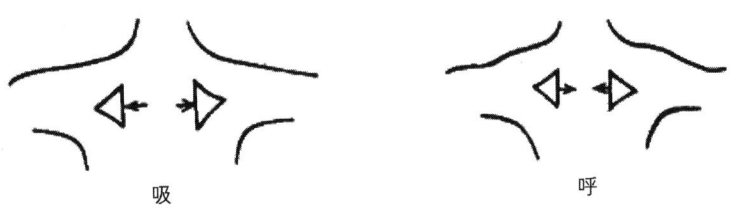

图5-4 呼吸与肩胛骨运动

二、快吸慢呼练习

练习:在前几个练习的基础上缩短吸气时间。

想象突然发现远方走来的友人,喊他的名字前急吸气,两肋一下子扩张;然后缓慢平稳地呼出。

重复做此练习,逐渐延长呼气时间。

三、补气练习

练习一:做补气练习。

(1)快速吸气,同练习五;胸廓有"橡皮球"进气的感觉。

(2)呼气五六秒后补气:一收小腹,口鼻进气,两肋张开。

(3)再缓缓呼气;如此反复十几次。每次呼气时间可以有长有短,直至能自如掌握。

练习二:在上一练习基础上,呼气时从容发声。(∨为吸气记号)

"∨一二三四∨五六七八∨

二二三四五∨六七八∨

三二三四五六七八∨

四二三四五六七八"

做此练习时,需根据后面准备发的声音的长短来确定每次的补气量;当准备发八个音节时,补气量就要相应地比准备发四个音节时大一些。

练习三:长句子补气练习。直到能从容地读清楚句子的内容为止。这是最重要、最实用的补气练习。

在句子进行中,有时需要在前一音节的尾巴上以极短的时间带进少量气息。一般称之为"偷气",我们以"\"来表示。

"要改变那种长期形成的∨领导机关不是为基层和企业服务,∨而是让基层和企业围着领导转的局面,∨扫除机构重叠、\人浮于事、\职责不明、\互相扯皮的官僚主义积弊,∨使各级领导机关把自己的全部工作\切实转移到∨为发展生产服务,∨为基层和企业服务,∨为国家的繁荣强盛和人民的富裕幸福服务的\轨道上来。"

(引自《中共中央关于经济体制改革的决定》,中国共产党第十二届中央委员会第三次全体会议一九八四年十月二十日通过)

练习四:绕口令补气练习。"·"后面的音节轻读。

出前门,\往正南,有·个面铺面冲南。∨面铺外,∨挂着一个蓝布棉门帘。\给它摘了那个蓝布棉门帘,∨面铺还·是面冲南。\给它挂上那个蓝布棉门帘,∨面铺还·是面冲南。

四、弹气练习

练习一:快速吸气,感觉胸廓形成"橡皮球"后,一下一下地弹动小腹,每一次弹动使气息急出后又补入,逐渐加快弹动速度。

练习二:在上一练习基础上,连续弹发喉门音 hɑ[xa]。

第六章
喉部发音(声带)控制

喉头内的声带是人体发声的振动体,是声源,它的振动状况直接影响所发声音的质量。很早以来人们就注意到了喉与发音的关系,在日常生活中,我们习惯把喉与喉所发出的声音同叫作"嗓子"。赞扬一个人的声音好,说"这人有副好嗓子",而把沙哑的嗓音形容为"破锣嗓子";但是对于如何控制喉部发音则长期不甚了了。过去不仅在戏曲、曲艺界,演员"倒仓"的不少,目前喉部病变也时有发生,就是声音使用幅度不大的播音员也有不少人为"嗓子"问题所苦恼:有的人使用方法不当,影响了表达能力;有的人声音不持久;有的人把嗓子看得过于娇嫩,生怕它出毛病,稍有不适就"停声"。这都是因为不了解喉部的生理构造及发音机制。其实,喉部声带也和人体的其他部分一样,只要了解它,科学地使用它,它是有很大潜力的,它同样需要通过锻炼来提高发音能力,不能只是消极保护。

第一节 讲究喉部发音控制的意义

对于播音员,讲究喉部发音控制有多方面的意义。

一、改善发音

有人认为,嗓子是天生的,无法改善。这种意见并不全对。实际上,能正常发声的人,其喉部构造差异并不大,而由于使用方法的不同,发出声音的质量却可以有相当大的差异。一个人的声带状况(如长短、厚薄等)是天生的,而使用方法却是后天可以训练的。如果天生一副好嗓子,使用方法又得当,固然最好;如果只是天赋好而使用方法不当,嗓音并不能成为其运用自如的表达工具。大量的事实告诉我们,大多数有成就的播音员(以及许多专业的歌唱家)在嗓子上只有中等天赋,而他们灵活运用声音的能力是经过后天锻炼所习得的。

二、丰富色彩

声音色彩的变化在很大程度上取决于声带的不同活动状况。比如"真声"、"假声"或"真假结合的混声",都是由声带的不同活动方式决定的。对于播音员用声至关重要的虚实结合的问题必须靠喉部控制来解决：两声带紧靠发出的是实声，两声带间有缝隙发出的是虚声，两声带间有较大缝隙发出的是气声等，而从完全的实声到气声之间有着众多的、给人以不同听觉感受的声音色彩层次。共鸣的通畅运用与喉部的松紧有关。这些正是我们需要进行精细控制的。

三、防止弊病

没有经过发声训练的播音员，在喉部控制方面暴露的问题比较多，造成的危害比较大，不能不引起人们的重视。比如发音时喉部用力，捏挤嗓子，压嗓子以及声音过实或过虚等，严重影响了声音表现力的发挥，阻碍了播音质量的提高。这从另一个方面说明了讲究喉部发音控制的必要性。

四、保证健康

声带这个发音器官比较娇嫩。若锻炼得当，可以提高它的适应能力和发音能力，若使用不当，比如一声狂喊就可能使它充血而发出嘶哑的声音。如果长期错误发声，会引起声带边缘不齐，以及声带肥厚、小结等病变。所以，只有了解喉部构造及发音机制，才能科学地使用它，保证喉部的健康。

第二节 喉部构造

喉由软骨做支架,关节和韧带连在一起,喉部肌肉负责运动。上接咽部,下连气管。上部略呈三角形,下部呈圆形,前面比较突出的部分(男性比较明显)是喉结。

一、喉软骨

喉由十一块软骨构成,其中主要的有五块,即会厌软骨、甲状软骨、杓状软骨(一对)及环状软骨(图6-1)。它们由骨关节面及喉部肌肉互相联结,共同构成一间上下通连的活动小室,声带就长在这小室内。

会厌软骨像一片树叶(儿童时期呈卷状),通过韧带附于甲状软骨。它负责在人吞咽时遮蔽喉口,阻止食物进入气管,在人呼吸及发声时则打开。

甲状软骨是喉软骨中最大的一块,形如盾甲,位于环状软骨的上前方,构成喉的前壁。这面盾甲并不是平的,而是有些像一本张开的书,"书脊"就是甲状软骨角,男性呈51°—90°,女性呈80°—114°,这就是喉结。甲状软骨板后侧的两个下角通过环甲关节面与环状软骨相连。声带前端附在甲状软骨角

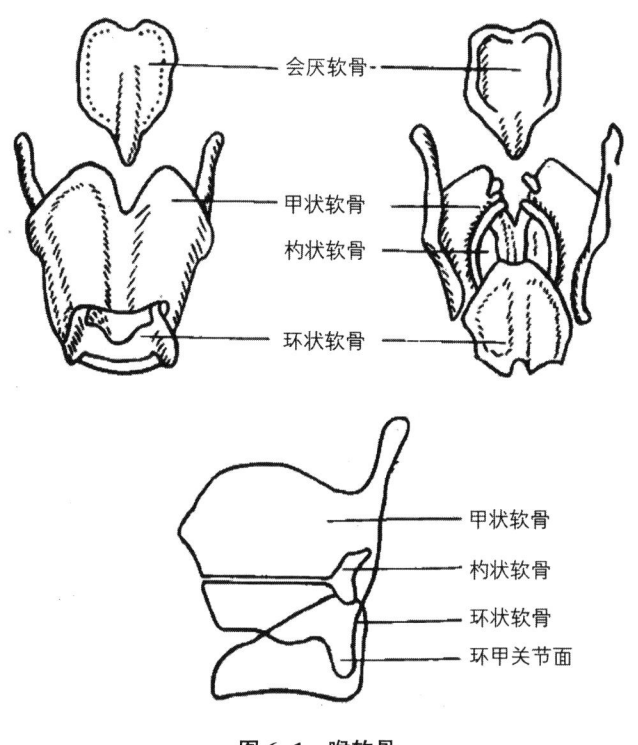

图 6-1 喉软骨

的内侧。

构状软骨(又名披裂软骨)左右各一块,呈不规则的三面椎体形,底面"骑"在环状软骨的后上部,构成环构关节。底前角是声带突,一对声带就附着在这里。这对软骨可开可拢,能转能移,对声门的开闭起关键作用。

环状软骨是喉的基础软骨,在最下面,形状像一枚指环,前窄后宽,下接气管。上面通过关节面与甲状软骨及构状软骨相连。

另外,在声带的上方,还有两条室带,也叫假声带。声带与室带间的小空隙叫喉室。

二、喉部肌肉

两条声带前端相靠,后端呼吸时分开,发声时靠拢。两声带间叫声门。负责声门开合、松紧的是喉部肌肉。从对声带的作用看,喉部肌肉可分为三组。

(1)声门闭合肌:收缩时,声门闭合。有环杓侧肌和杓肌。

(2)声门外展肌:收缩时,声门开大。它是环杓后肌。

(3)声带张肌:调节声带的长短、松紧。

①甲杓肌(声带肌)。甲杓内肌长在声带内,也就是声带的本体,又叫声带肌。前端附着在甲状软骨板交角内面,后端附着在杓状软骨声带突。收缩时,声带缩短并彼此接近,所以也叫声带内张肌。

②环甲肌。收缩时,甲状软骨前倾,声带被拉长、拉紧,所以也叫声带外张肌。

此外,还有负责喉口张缩的喉口肌。

第三节 声带振动机能

一、声带结构

声带是分层结构振动体,它分为包膜、移行层、本体三大层。

外层包膜不能主动活动,在环甲肌收缩时被动地活动。

声带肌能自动收缩,它越收缩,皮膜越松皱。

移行层介于前述两层之前,与本体紧密结合,半自动半被动。

声带肌有纵、横、斜三向肌束纤维互相交叉。声带边缘能变薄,又能局部打开、闭合,既能整体振动,又可局部振动。

吸气时,声带外展拉长,发声时声带缩短(图6-2)。

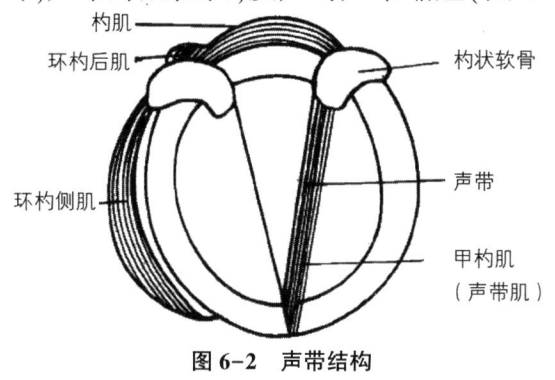

图 6-2 声带结构

二、声带振动机能

发音开始前,声带进入发音准备状态。开始发音时,喉部肌肉收缩,使两侧声带达到必要的紧张度并相互靠拢或闭合,使声门缩小或关闭。这个时候,从肺部流出的气息使声门下气压增高,当气压超出声带闭合紧度时,气息就会周期性地迫使声带稍向两侧分开而冲出来。在气息冲出后的一瞬间,声带又恢复原来的闭合状态。接着又是增高气压、冲开声带和随之闭合。由于声带有节律地冲开与闭合这一系列振动,气流通过声门形成一系列气喷,造成空气稠密与稀疏相间的动荡状态而形成声门波。声门波经过声道共鸣管腔的放大、美化与节制,就成为人的语音。

发声时,声带主要是横向振动,就是向内、向外振动。声带张开时,边缘变钝变厚;闭合时,边缘变锐变薄。声门关闭的时间远远超过开放的时间。

声带振动不能直接形成语音,但对语音的音高和音色有重要影响。声带长度变化产生不同音高;声带间声门开合变化产生不同音色。音高与音色的不同组合形成丰富的声音变化。而且,声门的闭合情况还会影响声门下气压的强度。

声带长度与边缘厚度直接相关:声带越长,边缘越薄;声带越短,边缘越厚。人在发低音时,主要由声带肌控制,声带肌收缩变短,声音变低。在发高音时,主要由环甲肌控制,环甲肌收缩使甲状软骨倾斜,从而使声带拉长偏紧,声音变高。发中音时,依靠两组肌肉对抗的方式控制。

发音时,声门紧密闭合,声带振动发出的是乐音性质的明亮实声;声门轻松闭合或半闭合,以声带振动的乐音成分为主,也带有部分气流摩擦音,发出的是柔和的虚实声;声门开得略大,声带振动的乐音成分小于气流摩擦噪音,发出的是虚声;发音时,声带不振动,完全是气流摩擦音,这就是气声的发音状态。当然,在每种声音类型中,由于声门开度、气流强度的不同,声音还有若干层次的变化(图6-3)。

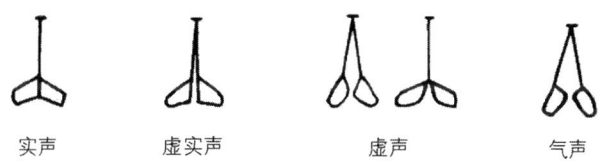

实声　　　虚实声　　　虚声　　　气声

图6-3　不同发音状态下声带的闭合情况

第四节　真声与假声

真声是相对于假声而言的。

人们日常用声多在自然音域内。发音时,主要靠声带肌本体(甲杓肌)的收缩拉紧,声带边缘圆钝、包膜松皱。声带整体振动,方向主要是左右横向振动。发声轻松,音色较丰满,这就是真声。

若我们需要扩大音域发出超高音,这时就要用假声。假声发音时,声带主要靠环甲肌拉紧、拉长,边缘变薄;声带不是全振,而是边缘振动;振动的方向主要是上下纵向振动;两声带不能紧密相贴,而是中间有一条缝,随着假声的升高,声门裂隙也逐渐变窄,到最高时,声带只有前1/3留一个小椭圆裂缝。这种声音泛音成分少,听起来带有特殊的意味,不自然。歌唱中的花腔女高音、抒情男高音,京剧中的小生、青衣、花旦,都是主要使用假声的。

由于真假声主要使用的肌肉不同,在由真声升高到假声时,有一个变换点,即换声点。经过训练,可以经过真假声结合的混声,而由真声顺畅地达到假声。

播音员使用的音域范围一般在真声区,假声只用作特殊的表达手段。在低音区,主要起作用的肌肉是甲杓肌(声带肌),而环甲肌同时也有所活动。在中音区,则要依靠声带肌与环甲肌共同控制。这样,以声带肌的收缩为主,辅以环甲肌的活动,这两组肌肉相互配合,有利于对声带的细微调节(图6-4)。

第六章　喉部发音(声带)控制

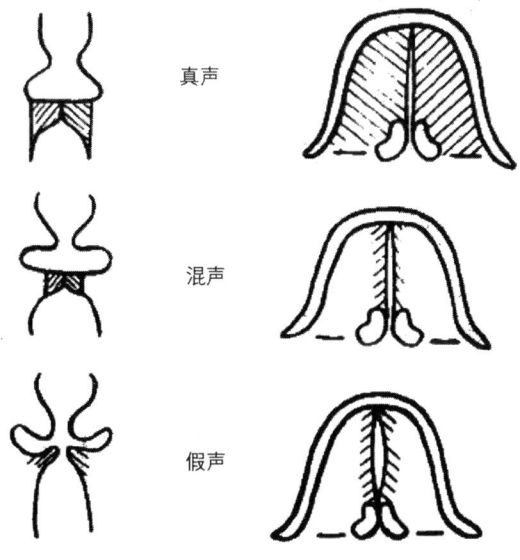

图 6-4　斜线处为声带振动部分真声与假声

第五节　喉部发音控制

一、喉部放松

发音时,两声带不是紧密闭合,而是轻松靠拢。从感觉上讲,喉部是放松的。在这种情况下,喉部肌肉活动自如而灵活,能较好地与呼出的气息协调动作。

喉部放松,是发音控制的基本感觉。

(1)喉部放松,声带才能自如地振动,发出丰富的悦耳的声音。如果喉部用力,影响声带的自如振动,对发音不利,甚至会发出难听的噪音。

(2)喉部放松,用较小的气流就能使声带振动,发音效率高。如果喉部用力,两声带紧密闭合,冲开它就需相应地增加气息力度,发出的声音比较"硬",声带也容易疲劳。

(3)控制喉部肌肉活动的喉上神经与喉下神经属于迷走神经的分支。前面已经谈过,刺激迷走神经控制区,会大大降低喉肌张力,对发音不利,造成音量减弱和声音的鲜明性减弱。换句话说,喉部越用力,发出的声音越暗淡。

因此,要想提高发音效率,发出悦耳的声音,就要放松喉部。

二、控制方法与感觉

控制感觉,即"用吸气的状态发音"。

练习方法:张嘴吸气,此时两声带是轻松张开的,喉部有上下松开的感觉,尽量保持这种状态发音。当然,发音时两声带不可能是打开的,但尽量以这种状态发音,两声带就能轻松靠拢,而不是紧紧闭合。我们可以把这种发音控制方法叫作"放松发音法"。

用放松发音法发出的声音,音色介于实声与虚声之间,它比虚声结实,而比完全的实声柔和,它是乐音占优势的虚实声。

三、放松发音法的实践意义

实践证明,采用放松发音法有诸多优点:
(1)嗓音持久,能长时间地发出圆润的声音而不疲劳;
(2)发音丰富,音色较丰满、柔和;
(3)声音通畅,不会在喉部被堵塞;
(4)声门开闭灵活,声音虚实变化自如,富有弹性;
(5)较接近日常谈话的发音状态,听来自然亲切。

第六节　喉部控制与气息控制的配合

喉部的声带与呼出的气息相互配合而发音,如果动作不协调,就不可能发出合乎质量要求的声音。

(1)呼出的气息要有一定的密度才能造成适当的声门下压。如果呼气量过少、气柱密度小,声音就不结实、发飘,听起来"有气无力",或是声音"只在嗓子眼儿里"透不出口外。

(2) 要根据表达需要灵活控制气息的流量、流速。如果气息失去控制,无节制地往外流,喉部就会自动紧缩以节制气流。这种用喉部节制气流以发音的方式,势必造成嗓音的不自然,嗓音也难以自如变化,而且还增加了喉部负担,使喉部容易疲劳。如果不控制气息发强声,则可能出现以下两种情况:一种情况是气息压力不够,只得用加大喉部紧张度的办法去"喊",以致声嘶力竭。另一种情况是气流量太大,此时,声门迅速闭紧,位于声带上方的那对假声带也会迅速靠拢下压,以阻挡气流、保护声带,这就影响了声带的自如振动。当强气流冲破障碍而喷出时,声带往往会因受冲击而充血,致使声音嘶哑。假如长期这样发声,就会造成声带的病变。

(3) 播音与唱歌不同,在单位时间内平均播出的字数比唱歌多;汉语是有声调语言,每一音节的高低升降都要求声带及气息压力做相应的调节。因此,汉语播音员要特别注意气息与喉部控制的协调平衡。比如去声字,声音由高到低,声带由紧而松,当需要强气流发去声字时,如果气息控制不当,强气流就会一冲而出,致使声音劈裂。又如大部分上声字由于音变发成21调,声音最低,声带最松,容易漏气,如果缺乏气息支撑,声音很容易暗哑,产生"噎住"的感觉。

(4) 发音时,气息与声带在时间上要配合好,要气息流到声门再闭,不能此早彼晚。如果声门先闭,会增加冲开声带所需要的气息压力,费力而音直。若是气流先到,发音时会产生漏气现象,发音效率低,播者、听者都感觉吃力。由于开始的发音状态对以后的发音起着领头作用,因此要特别注意开始的音节起音时气息与声带的协调配合。

第七节　应注意避免的发音毛病

在实际工作中,发音这个环节出的毛病最明显,我们应了解它的成因,防止它们的出现。

(1)捏挤喉部。出现这种毛病的以女声为多。她们或以为用这种方式发出的高细声音很美,于是主动追求;或是气息缺乏控制,而不得不用捏挤喉部的办法以节制气流的外逸。殊不知这样发出的声音泛音少,单薄乏味,听起来不自然,声音色彩缺乏变化,极不利于表达。

(2)嗓子"横"。这是由于发音时压迫喉器,使介于假声带与真声带之间的喉室横而扁所致。这样发出的声音不悦耳,而且增加了喉部负担,易导致声带疲劳与病变。发音时,随着张嘴吸气,喉部应有垂直松开的感觉,而绝不应有压迫感。

(3)声音过虚。发音时两声带不闭合,带有大量气音。这样发音漏气多、音量小、发音效率低,我们不得不经常补气,因此发音容易有吸气杂音,显得不从容。全用虚音也影响了声音色彩的丰富变化。用这种声音播新闻会让听众听起来不真实,也影响发音的清晰度。

(4)"喊"。声门闭得较紧,气流量大,音高而直,缺乏弹性。有人错误地认为这种声音"有精神",其实,这样发音吃力而难以持久,限制了声音色彩的变化,显得生硬。有的人发音姿势不正确,在播音时下意识地往前伸脖子以把嘴巴贴近话筒,从而造成"喊"的感觉。

(5)使用过多假声,让播音像戏剧念白。

第七章
共鸣控制

声带发出的喉原音很微弱,在经过共鸣后才得到扩大、美化,形成各种不同的声音色彩。有经验的用声者发音不费力,声音优美,且能因需要而变化自如,这是因为他们熟练掌握了共鸣调节方法。

一个人的发音器官是天生的,无法改造,而共鸣的调节方法却是可以经后天训练而掌握的。因而可以说,掌握共鸣的调节,是扩大发声效率、改善声音质量的重要环节。

播音发声有自己的共鸣特点,即以口腔共鸣为主、以胸腔共鸣为基础的声道共鸣方式。它与唱歌发声的共鸣方式有明显区别。

发音有三个环节——呼吸、振动、共鸣,共鸣是最后的集大成的环节,前两个环节共同作用发出的喉原音,只有通过共鸣才能实际发挥声音的效用。在发音训练中,也只有通过共鸣才能形成发音的整体感觉。

第一节 共鸣器官

声道是人类发声的共鸣器官,喉以上有喉腔、咽腔、口腔与鼻腔,喉以下的胸腔也起着重要的共鸣作用。

一、声道

人的声道是一个呈直角的弯管。垂直的部分,下面是肺与气管,中间一小段是喉腔,上面一大段是咽腔。水平的部分,下面是口腔,上面是鼻腔,中间以硬腭、软腭隔开,而软腭像一扇活动门户,可开可闭。

构成声道的各个腔体,除鼻腔(及鼻咽腔)外,形状、大小都是可以变化的,其中以口腔的变化最为灵活。正因为有了这种能灵活变化的共鸣腔体,人类才能发出千变万化的声音。

声道可以被看作一个由管子、阀门和腔体组成的空气装置,当类似风箱的肺被挤压后,气流通过气管"管道"到达喉部。喉既是可上下轻微移动的"活塞",又是可开闭的"阀门",它既可以在气流作用下振动发声,也可以不振动仅起控制气流的作用。喉的上面是咽腔、口腔和鼻腔三个腔体,由舌、软腭和唇三道"阀门"控制,使三个腔体连通或隔开,同时使腔体形状和大小发生变化,产生不同的声音。

(一) 喉腔

喉腔包括介于声带与假声带之间的喉室及位于假声带之上的喉前庭部。

假声带是声门以上的第一对门户,它们平常是张开的,既可以靠拢,又可以下压,使喉室的形状与容积发生变化。假声带本是声带的保护装置,当强气流冲击声带时,假声带会自动靠拢以阻挡气流。

喉口肌肉收缩可以扩大喉室,同时使喉口变细,使声门以上的气压因之升高,能够减轻声带肌对声门下压的负担。在发高音、强音的时候这种现象比较明显。

(二) 咽腔

咽腔是前后略扁的漏斗状肌管,也叫咽管,它是个容积较大的交叉路口。后壁附于脊柱,上起颅底,下连食管;前壁与鼻腔、口腔、喉腔相通。由上至下可分为三段:软腭以上前通鼻腔,称为鼻咽;中段前通口腔,是为口咽;下段下连喉腔,叫作喉咽(图7-1)。软腭的升降可以切断或打开口咽到鼻咽的通路。

咽腔是声波必经的管道和三岔路口,对声音的扩大及美化都起很大作用,是人体发声的重要共鸣腔。除鼻咽外,咽壁

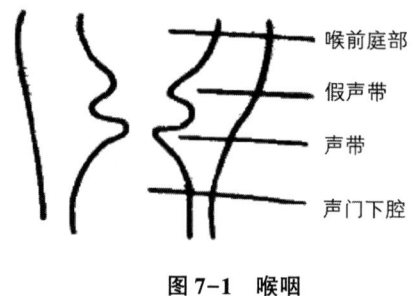

图 7-1 喉咽

由肌肉构成,通过肌肉的收缩,可以改变咽管的粗细和咽壁的硬度,其中的口咽与口腔相连,对言语发声作用显著。而学会对咽腔的控制,对于学声乐的人来说更为重要。

(三) 口腔

口腔是结构复杂、动作灵活的腔体。既能上下开合,又能因舌形的变化而改变形状、容积及被划分为若干小腔体;前面有两道可开闭的门户;上下齿及上下唇,后上方又有软腭这道"活门"。这一部分在第八章吐字——口腔控制中将较细致地予以剖析。

(四) 鼻腔

鼻腔由垂直的鼻中分隔为左右对称的两部分,底部是硬腭,外面是鼻甲。鼻腔前方由鼻孔与外界相通,后面通向鼻咽腔。鼻腔有黏膜,并有丰富的血管构成鼻甲海绵体丛。在各种刺激和心理因素的影响下,海绵体丛可因充血而膨胀,甚至阻塞鼻道。

鼻腔有固定的容积,属于不可调节的共鸣器。

鼻窦像由鼻腔向周围骨质膨出的含气骨腔,包括额窦、筛窦、上颌窦及蝶窦,各有小孔口与鼻腔相通。在人发超高音时,这些小窦起共鸣作用,使歌者的头、面部有振动感(图7-2)。

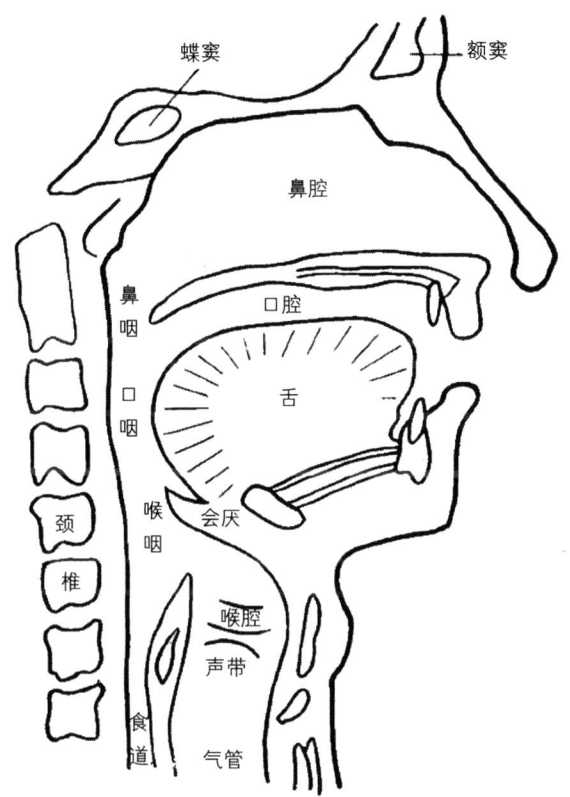

图7-2 咽腔、口腔、鼻腔

二、胸腔

喉器的下面连着气管。气管是软骨和膜性组织构成的管腔,下面分为两支。气管、支气管在呼气时缩短缩小,在吸气时扩张伸长,但它们的伸缩不受意识的支配,不能随意调节。发音只在呼气过程中产生。我们可以把气管看作不变的共鸣器,气管与能张能缩的胸部,构成胸腔共鸣器。

第二节　共鸣作用

一、声道共鸣作用

声道的共鸣作用是任何其他乐器的共鸣器所无法比拟的,它一方面产生各种不同的语音,另一方面还能使声音具有各种不同的色彩。善于控制声道共鸣,是使语音清晰、声音和谐、色彩多变的重要方面。

声带发出的每一个声音都具有基音和范围很宽的一套泛

音,形成一定的频谱。

声道,这个由若干腔体构成的充气管道,有若干自然频率。构成声道的大部分腔体都是可以变形的。声道的每一个特定形态,都有它自己的一套自然频率,能够让接近它自然频率的声波的振幅扩大,而使这部分声音加强,出现一套特定的共振高峰,另外的声波则受到抑制而减弱。声道的形状一变,共振情况也随之变化。这样,一方面产生了不同的元音音色,另外,在同一语音音色范围内还有色彩的差异。可以说,声波在进入口腔以前,声道的共鸣作用主要是扩大与美化声音,而在声波进入口腔后,则是在形成特定语音音色的基础上被美化、扩大。

由此可见,声带振动状况决定特定声音的基音和泛音,声道的形态决定这个声音的哪些成分得到加强,哪些成分受到削弱,也就是决定它的共振峰值。声带和声道既是彼此独立的,又是相互配合的。言语声就是在声带和声道的配合下产生的。

声道是一个整体,互相关联。比如喉口肌肉的收缩会带动咽肌的收缩,而口腔内的舌高点则把口腔后部与口咽部连成一个腔体,舌的动作直接影响口咽部的形状。但是声道的各部分也都有自己在共鸣方面的特殊作用,从不同方面影响声音的质量。

二、各个腔体的共鸣作用

下面将对构成声道的几个腔体的共鸣作用分别进行分析。

(一) 喉腔

声带振动发出的声门波,首先经过喉腔,得到最初的共鸣。喉室的容积虽然很小,但因它是音波经过的第一个共鸣腔,它的状况对整个声音质量都有影响。

如果压迫喉器使喉室被挤扁,原始共鸣得不到充分发挥,就会使声音发"横"。如果束紧喉部以发音,也会影响原始共鸣而使声音单薄。以上两种状况都会使声音被"锁"在喉部,由此丧失一部分泛音,尤其是低泛音损失较大,从而影响整个发音质量。可见,放松喉部的要求对充分发挥喉腔的共鸣作用也是十分重要的(图7-3)。

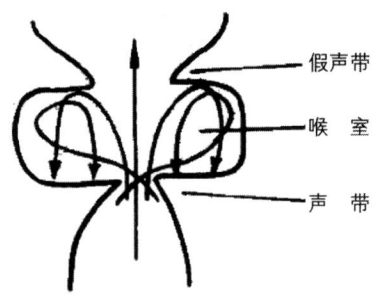

图7-3 假声带、喉室、声带

喉头可以在一定幅度内降低或升高。喉头降低时,声道变长,有利于低泛音共鸣;喉头升高时,声道变短,有利于高泛音共鸣。但喉头过于频繁地上下活动,容易使喉部肌肉疲劳,消耗能量。因此,发音时,喉部还是以状态基本稳定为宜。

(二) 咽腔

咽腔容积大,又是音波必经的管状弯道,对扩大及美化声音起重要作用。欲使咽腔的共鸣作用得到充分发挥,咽管必须通畅,咽后壁要直而不弯。脊柱的直与伸展可以带动附于其上的咽后壁,使咽后壁也是直的,而且有一定的坚韧度,利于声波的通过。

口咽和鼻咽是咽管的弯头,除发鼻辅音时外,大部分声波要经口咽进入口腔,因而,口咽弯道的通畅就成了重要问题。

(1) 口咽的上盖是提起的软腭,软腭要适当提起以使口咽上部弯度适中。如果软腭提得过度,弯道近于直角,会使相当一部分声波折回,闷塞不出;如果软腭提得过少,口咽与鼻咽连通,相当一部分声波会冲向鼻腔而形成鼻化音。

(2) 口咽的前壁是舌根,舌根后退会使口咽垂直管道变窄、变细,阻碍声波的前进,因而发音时,舌不能后缩。

(3) 口咽弯道的下壁是舌根上缘,欲使口咽弯道的垂直方向通畅,舌根就要适当降低,而舌是附于下颌的,也就是下巴要适当降低。

由此可见,口咽的状态与口腔状态密不可分。由于大部分声波在口咽弯道处转变方向,由垂直向上转为向前,因而口咽后上部是控制共鸣的一个内感区。

(三) 口腔

口腔共鸣对于言语发声至关重要。没有口腔的活动也就不可能产生言语声;不能适当发挥口腔共鸣作用,就不可能使字音圆润动听,前面所说的喉腔、咽腔共鸣以至鼻腔、胸腔共鸣就无从发挥效用。因此,播音发声共鸣效应的形成最主要的因素是口腔共鸣,其他腔体的共鸣必须在口腔取得良好共鸣的基础上实现。

口腔的前面和上壁是由上齿、上齿龈、硬腭、软腭构成的口盖穹隆。呼出的气息与声波经口咽弯道进入口腔,在接近口盖的口腔上部密度与压力较大,在向前流动中冲击硬腭前部及上齿龈中部,这就是发音时最主要的内感区——腭前区。声束射向腭前区,不仅由于腭前穹隆对声波的折射使得声音更加集中,而且这个区域属于三叉神经支配区,当它受到刺激时会使喉肌张力增加,从而增加声音的鲜明性。

口腔共鸣使声音明亮结实,字音圆润清晰,也叫"中音共鸣"或"中部共鸣"。

口腔共鸣是在吐字的过程中完成的,它不能脱离吐字而存在。我们将在第八章吐字——口腔控制中进行较细致的探讨。

(四)鼻腔

鼻腔是个容积较大的固定腔体,它的共鸣作用通过几种方式实现:

(1)在发鼻辅音时,口腔通道被阻断,软腭下垂,声带振动,声音完全通过鼻腔透出。

(2)在发鼻化元音时,软腭下垂,声波分两路同时从口腔与鼻腔通过,产生共鸣。汉语普通话没有单独存在的鼻化元音,这只是发鼻韵母中接近鼻韵尾时的发音状况。

(3)在用正常谈话音量发口音时,软腭上提,但阻塞不完全,大部分声波经过口腔传至口外,一部分声波沿后咽壁传至鼻腔,产生鼻共鸣。

(4)在音波通过口腔冲击硬腭时,由于硬腭的传导作用,引起硬腭上的鼻腔共鸣。在音量较大时,这种作用比较明显。

(5)歌唱家唱高音时,其鼻腔及鼻窦等面前部小窦有明显振动感,一般人在发高音时也可以感觉到。所以这种共鸣也叫"高音共鸣""上部共鸣""头腔共鸣"。

在言语发声中,一般多用前三种方式。

发口音时,带有微量的鼻腔共鸣能使声音柔和而有光彩,发音省力,但如果鼻腔共鸣过量,就会出现"齉鼻音"。

(五)胸腔

发声时把手放在前胸,会感到胸部在振动;声音越低,振动感越明显。所以,胸腔共鸣也叫"低音共鸣"或"下部共鸣"。再仔细体会一下,会发现,这种振动感是沿着胸骨上下移动的,随着声音的由低到高,振动感集中点也由胸骨的下缘而上移至喉器的下方。比如我们发一个夸张的阳平声 á,就可以轻易感觉到振动感集中点的上移。我们称胸部的振动感集中点为胸部响点或发声的胸部支点。

胸部共鸣虽不参与语音的制造,但它能使音量增加,让声音听起来明亮且浑厚有力。

第三节　播音的共鸣特点及控制

播音发声的特点决定了它的共鸣方式——以口腔共鸣为主,以胸腔共鸣为基础的声道共鸣。

一、播音的共鸣要求

(一)在保证字音清晰条件下美化声音

这就要求:

（1）以口腔共鸣为主。因为不同字音是在口腔内形成的，只有结合吐字、运用口腔共鸣，才能保证字音清晰。

（2）泛音共鸣适度。不是共鸣越强越好，而是要适度。如果共鸣过强，会产生"音包字"的现象，是播音发声的大忌。

(二) 声音朴实、自然、大方

播音是直接面向听众的新闻工作，声音只能在言语声的基础上加以改善，而不能有任何造作的音色。这就要求：

（1）灵活运用各种共鸣。播音员要根据节目的形式、内容、对象、场合，灵活运用各种共鸣方式，以使声音色彩随节目的需要而变化。比如播报新闻与讲故事、对幼儿说与对成人说、播报沉重的内容与欢快的内容，共鸣的运用都是不同的。播音员的声音应根据自己的条件形成自己的特点，但不宜像声乐工作者那样以某一种共鸣方式为主，形成特殊的音色。

（2）熟练运用胸腔共鸣。胸腔共鸣有浑厚、结实、有力的特点。在日常生活中，人们绘声绘色地谈论事情时，声音大多是有胸声色彩的。在自然音域中，播音员用得最多的是中间偏低部分，需要有胸腔共鸣这个扎实的基础作为"底座"。这点对男播音员更为重要。如果声音缺乏胸声色彩，就显得轻飘无分量。当然，胸腔共鸣的运用要适当，胸声成分过多会使声音沉闷，而且容易影响发音的清晰度。

（3）微量的鼻腔共鸣。除发鼻音时要放松软腭，必须有鼻共鸣色彩外,发口音时也可以略带鼻共鸣,也就是软腭提起,靠近后咽壁而不完全接触,这样可以使人的声音明亮,发音比较省力;但是鼻共鸣色彩不能多,多了就会出现"囔鼻音"。播音一般不需要高位置(鼻窦等小窦)共鸣,不需要唱高音时那种"头声"色彩,这种色彩会使声音过于锐利,不够柔和。

二、共鸣控制

发音的整体感觉:一根弹性声音柱,有胸部的支持垂直向上,到口咽处流动向前,"挂"于硬腭前部,透出口外。

控制共鸣需要注意如下几点:

(1)脊背直而舒展,颈不要前探或后坐,颈前部肌肉放松,以保持咽管的通畅,利于发挥咽腔的共鸣作用。

(2)胸部放松。不要故意挺胸,吸气也不要过满。气吸得过多时,为了保持气息不致快速流出,往往容易造成胸廓的僵硬,不利于灵活调节胸腔共鸣,并使声音有闷闭于内的感觉。发音时放松胸部,感觉声音像从胸部响点透出,这样做有利于增加胸腔共鸣色彩。

(3)适当打开后槽牙,使槽牙之间有一定距离,像咬嚼着橡皮糖,下颌活动灵活,但不要"咬着牙"发音。这样声音才能通畅地到达口腔,取得较丰富的口腔共鸣。

(4)经口咽出来的声束,沿上颚中纵线前行,向硬腭前部流动、冲击,从而让人有声音"挂"在硬腭穹隆上的感觉,发音省力。声音明朗、润泽。

人的共鸣腔内充满了空气,共鸣的运用与气息的控制直接相关,共鸣调节只有通过气息调节才能实现。比如高音共鸣需要空气柱中达到较高的空气密度与压力,小腹控制较紧;低音共鸣的运用需要一定气量,小腹控制较松;中音共鸣是比较省气力的,但空气柱中也需要达到一定的空气密度与流量,才能把声音送到口腔前部,充分发挥口腔的共鸣作用。气流过强或过弱都不利于灵活调节共鸣。总的说来,播音共鸣所需要的气量不大,但控制需灵活。

第四节 播音共鸣与歌唱共鸣

播音与歌唱用的是相同的共鸣器官,各个共鸣器官有相同的共鸣作用,但因二者各有自己的专业特点,在共鸣运用上有明显不同,较突出地表现在以下三个方面:

(1)歌唱发声要求响度高,所以必须充分发挥共鸣作用,而播音则没有这方面的要求。

无论是中国戏曲还是西方的美声唱法,都要求不用扩音设备,歌唱者的声音能到达大厅内每个听众的耳中。因此演唱者要充分发挥人体的共鸣作用。

科学家发现人声共鸣区的分布情况:男性的较低,在 500 赫兹左右的频率范围内,被称为男声共鸣区;女性和孩子的较高,约在 3,000 赫兹左右的频率范围内,被称为女声共鸣区。这种共鸣区在频谱上很容易被观察到。有个很值得注意的现象:在优秀男女歌唱家的声谱里,我们可以清晰地见到强力的女声共鸣区。根据尔热夫金的观察研究,歌唱发声的各个元音共振峰位置,特别是高共振峰位置,几乎都一样,各个元音的泛音增强区的频率为 2,500—3,000 赫兹;而低共振峰的频率区间则为 400—600 赫兹。歌唱的高共振峰区域恰好处于人的听觉的最敏感区,因此使人感到明快、响亮。这种声音还具有"射程远"的特点,可以穿透乐队的声音而响彻整个大厅。这种声音的形成,很可能是由于喉口缩小,咽腔扩大,会厌上举并向后卷,与喉咽共同形成共鸣管,使声音"竖上去"产生"头腔"共鸣的结果。歌唱元音形成于口咽部,与这种共鸣效果的要求也有关系。

很显然,播音员不宜这样运用共鸣。如果女播音员"金属音"强会使人感到声音过于锐利,不柔和;男播音员的"金属声"强,则使人感到不自然、造作、女气。这就是为什么不能用歌唱的共鸣方式来播音的一个重要原因。

(2)歌唱发出的音域广,可达三个八度音程,大大超出了人们的自然音域。为了发出美妙的超高音和低音,他们必须采用特殊的共鸣方式,掌握高超的共鸣技巧。人声共鸣的研究也是从这里开始的。歌唱旋律离不开音高变化。因此,从声乐研究的角度,把共鸣分为三个部分:高音共鸣(上部共鸣)、中音共鸣(中部共鸣)及低音共鸣(下部共鸣)。歌唱发声特别注重咽腔共鸣的控制训练,以使上下共鸣贯通。

播音的音域变化幅度基本在自然音域内,要求保持并发挥言语声的共鸣特色;如果从音高上划分,基本属于中音共鸣范围。在诸共鸣腔体中,口腔的共鸣作用对播音发声最为重要,同时要有胸腔共鸣为基础,并可带有微量鼻腔共鸣色彩。

混合共鸣中的各种共鸣成分,不仅随音高的变化而变化,还要受其他因素的制约。比如,报道新闻或其他较严肃的内容,胸声用得多一些,而播报知识性的内容或较轻松的内容,胸声则用得少一些。另外,播音员在播同一篇稿子的过程中还要根据情感的变化而灵活调节共鸣成分等。

(3)歌唱有声部的划分,戏曲有行当的区别。声部的区分不仅决定于声带的长短厚薄,更重要的是它们在共鸣运用上各有特点,各声部有自己的声音特色。不同的声部唱同样的音调,音色有明显的区分。比如同是女高音,戏曲女高音和花腔女高音的声音色彩区别明显。戏曲的各个行当的唱腔也有各自的共鸣特点,京剧净角的"脑后音"就是一个明显的例子。总之,从唱的角度上来看,各声部、各行当的唱腔都有自己特殊的共鸣要求与统一的音色特点。而播音员播音却与此不同,播音发声的共鸣运用比较灵活多样。如果播音员只用某一声部的特殊共鸣方式去播音,那么他的声音会听起来不自然。每个播音员都有自己的发声特点和习惯的共鸣方式,但都要根据节目的需要灵活使用。

第五节　发音共鸣练习

练习中,我们要注意掌握发音的总体感觉:气息下沉,两肋扩张,喉部放松,胸部不僵,声音像一条弹性带,从小腹拉出垂直向上,经口咽部向前,沿上颚中纵线前行,"挂"于硬腭前部,透出口外。声音通畅,流动自如。

一、共鸣状态练习

练习一:以自己感觉最舒适的音高发六个单元音 a、o、e、i、u、ü,体会上下贯通的共鸣状态。发音时,用手轻按前胸上部(胸骨处)会感到胸部的振动;再用两手轻按两颊,也会感到振动。

练习二:降低声音发六个单元音,体会胸腔共鸣的加强;提高声音再次发音,体会胸腔共鸣的减弱、共鸣位置的上移。

二、口腔共鸣练习

练习一:适当打开后槽牙,从容地发复韵母 ai、ei、ao、ou,体会声束沿上颚前行,"挂"于硬腭前部的感觉。

练习二:发较短促的 ba、bi、bu、pa、pi、pu、ma、mi、mu,体会声束冲击硬腭前部的感觉。

三、胸腔共鸣练习

练习一:放松胸部及小腹,用低音唱"哟",感觉声音从胸部透出,浑厚而省力。

$$\underline{\dot{5}} \text{—} \mid \underline{\dot{4}} \text{—} \mid \underline{\dot{3}} \text{—} \parallel$$
哟

练习二:用同样状态唱"哟",体会声音在胸部回荡及气息压力的变化。

$$\underline{\dot{5}} \text{—} \mid \underline{\dot{6}} \text{—} \mid \underline{\dot{5}} \text{—} \mid \underline{\dot{6}} \text{—} \mid \underline{\dot{5}} \text{—} \parallel$$
哟

做以上两个练习时,"哟"字都不要发得很清晰,下巴要放松。

练习三:用较低的声音有弹性地发声门音[xa],感觉声音像从胸部发出来,体会胸部的响点。由低到高一声声地有弹性地发音,体会胸部响点的上移。然后由高至低地弹性发音,体会胸部响点的下移。

四、鼻腔共鸣练习

练习一:交替发口音及鼻化元音 a—ã—a—ã(~为鼻化元音符号,发音时软腭下垂,气息从口鼻同时流出)。

体会软腭升起和下垂的不同状态及产生的不同声音色彩(这个练习是让我们体会口音与鼻化元音的不同,不必经常做)。

练习二:拇指及食指轻按鼻骨两侧,发口音 ba、bi、bu、pa、pi、pu,使声束打到硬腭前部,此时鼻有微弱振动;再发 ma、mi、mu,鼻的振动明显加强。在练习中我们会发现,在 a、i、u 中,a 音鼻腔共鸣最弱,而 i、u 鼻腔共鸣就强一些,这是因为舌位高,口腔通路小,音波容易上传到鼻腔的缘故。因此我们在发高元音时,应适当扩大口腔通路,以避免过量的鼻共鸣色彩。

五、音高变化的共鸣练习

练习一：拔音练习。即由最低拔向最高发 a、i、u，体会共鸣状态的变化。

练习二：绕音练习。

(1) 上绕音：由低至高螺旋形向上发 a、i、u。

(2) 下绕是：由高至低螺旋形向下发 a、i、u。

练习三：加泛音共鸣练习。

(1) 加低泛音共鸣练习。按开、齐、合、撮的顺序发所有的复韵母和鼻韵母。先用自己最舒服的中音发开口呼，降一个音发齐齿呼，再降一个音发合口呼，再降一个音发撮口呼。

(2) 加高泛音共鸣练习。与(1)所发内容相同，由中音开始。

第八章
吐字——口腔控制

吐字是播音员的一项重要的基本功。

前面几章探讨了发音的三个环节及其相互之间的关系,而要使发出的声音成为人类表达思想感情的工具,还要经过吐字这关键一环。

在汉语中,字是意义与感情的载荷体。播音员必须通过吐字才能传情达意。

我国传统的戏曲说唱艺术一向重视吐字这个环节,在这方面积累了丰富的经验,形成了对吐字的审美要求。明代的魏良辅说:"曲有三绝,字清为一绝。"他说的"字清"不仅指字音要清晰,还有字音清扬的要求,也就是要优美动听。中国的播音员应继承吐字方面的民族经验,并在实际运用中不断总结新的经验。

吐字这个环节看似简单,会说话的人都会吐字,但在实际运用中却大有讲究。戏曲界有"千斤念白四两唱"的说法,用来说明"说"比"唱"还需要功力,不可等闲视之。播音员运用有声语言进行创作,必须充分重视吐字这一环节。

字在口腔内形成,口腔是人类语音的制造场。讲究吐字实际就是讲究口腔控制。播音员必须锻炼自己的口腔,使它适应播音吐字的要求。

第一节 播音吐字要求

"字正腔圆"是人们对播音员吐字的要求与衡量标准,说得具体些,可以概括为:准确、清晰、圆润、集中、流畅。

一、准确

字音发得准确、规范,即"字正",这是播音员必须做到的。播音员必须按照普通话语音规律吐字发音,在符合语音规律的前提下,把字音发得比一般人更完美、更悦耳,而不能违反语音规律。当然,播音员播音时要避免念错字。

二、清晰

吐字清晰,是播音员播音的一大特点,也是做一个播音员的必备条件。一个人无论声音多么好听,但吐字不清晰,都是不能做播音员的;若一个人的声音不太好听,但他吐字很清晰,却可以做播音工作。从这点可以看出,吐字清晰对播音员来说多么重要。

准确与清晰是对播音员吐字最基本的要求。

三、圆润

吐字圆润,即吐字有比较丰富的泛音共鸣,声音悦耳动听,即"腔圆",这是对吐字的审美要求。圆润的对立面是扁涩。吐字扁而干,缺乏润泽,不悦耳,这显然不符合审美要求。播音员应尽力使字吐得圆润些、饱满些。有人形容好的吐字如"珠走玉盘",这当是我们追求的境界。

四、集中

声音集中,这既是播音的审美要求,也是播音的特殊条件。字音集中,会给人全神贯注的感觉,更易于声音传入人耳、打动人心。如果字音散漫,不"聚焦",会影响吐字的清晰度。这种状态下的吐字,使听众认为播音员播音很随意,在一定程度上降低语言的表现力。播音员面前的话筒,能有方向性地吸收声能。如果播音员的声束集中,那么他在播音时用较小的气力就能得到较好的效果;如果播音员的声音散漫,必然是难以播出理想的效果的。

五、流畅

"字"不是单个存在的,而是联结在语流中的。人们是从语流中获取信息、受到感染的。播音员的吐字必须轻快流畅,使语流畅通无阻。与舞台语言对比,播音员在一定时间内播出的字数较多,又经常采用面对听众谈话的方式,所以吐字的流畅性特别重要。如果字音咬得过狠、过死,就会给播音语言带上明显的雕琢痕迹,使语流中垒块斑斑,让人听来吃力而且声音不自然。

总之,播音员吐字要颗粒饱满、色泽晶莹、轻快连贯、如珠如流。播音要字字皆入听众之耳,字字皆入听众之心。播者不费力,听者享美感。

第二节　汉语特点与吐字

在这里涉及的是与吐字有关的汉语的特点,而不是对汉语特点的全面论述。

一、汉语特点

(一)词所包含的音节数少,每一音节的信息负载量大

词是语言中代表一定意义、具有固定的语音形式、可以独立运用的最小的语言结构单位。与其他语言比较,汉语的词有音节少的特点。比如在印欧语系的英、法、俄、德等语言中,单音节词屈指可数,大多是两个音节以上的复音词;而在汉语中,单音节词和双音节词几乎各占词汇量的一半。因此,汉语每个音节所负载的信息量相对而言就大于其他语言,这对汉语吐字清晰度的要求也更高。

(二)一字一音节

汉语的一个字代表一个音节,由一至四个音素构成。

(1)汉语的一个字,同时也就是一个单音节词或复音词

的词素。吐字除了指音节的发音外,还包含词的发音问题。在词这一音与义的结合体中,义是核心、是本质的东西,音是义的表现形式。因而,从语言的角度看,吐字发音必须符合表意的要求。

(2)在语流中,汉语音节结构中的一些变化,如轻声、儿化、上声字、语气词等,往往不能用汉字来准确标识,有的字字形没变而发音必须变,这就要求播音员在读这些字时,必须掌握语流音变的规律及语言使用的情境,而不能死板地依字发音。

(3)汉字的一字一音节的特性形成了汉语的特殊节律。一方面,古典诗词、民歌唱词及成语谚语等,充分表现了这种节律美,所以如何通过吐字体现汉语的节律美是播音员应努力探索的。另一方面,汉字的一字一音节特性也容易导致这样一种情况:在播读散文体的稿件时,播音员如果不注意语音节奏的起伏,缺乏音节的疏密变化,就可能造成"一字一板"、像"打着拍子"播音,大大降低汉语的音乐性及表现力。

(三) 汉语的音节构成有自己的特点

(1)元音成分占优势。从本身的音节构成看,每个音节包含1—3个元音,而辅音是0—2个,大部分音节只有开头一个辅音。和其他语言不同,汉语音节中的元音成分多。汉语没有复辅音,如汉语中没有英语的 ct、pt、sp 这样的搭配,且作汉语音节结尾的辅音只有 n、ng 两个,它们都是乐音性的辅音。

元音是乐音,响亮通畅。一方面,汉语音节里的元音占优势,所以汉语的发音具有响亮通畅的特点。另一方面,这种优势又容易使不响亮的辅音黯然失色,影响字音的清晰度,这就使汉语的吐字必须注意开头辅音的力度。

(2)音节以声母开头,韵母接于其后。韵母中舌位滑动的复韵母、鼻韵母占多数。多数音节的发音,口腔由闭而开再到闭,两头小中间大,响亮的主要元音居中。这一汉语音节结构的特点是汉语吐字圆润如珠的客观基础。

(3)汉语是有声调的语言,汉语的每个音节都有不同的升降曲直的发音形式,本身带有音乐性。汉语极富抑扬之美。这里需要注意的是,音节的抑扬必须统一于语气、节奏的抑扬之中,为语气、节奏的抑扬增光添彩,而不能以过度的音节抑扬冲淡语气、节奏的抑扬,使语言表现力因之减弱。

(4)韵母有四呼之分,它们之间有对应关系,而四呼的划分又与唇形的圆展直接相关,因此唇形在汉语吐字中相当重要。如果该撮口的音不撮口或撮得不够,就会造成字音不正,轻则影响字音的准确性,重则导致词意的混淆。

从以上汉语特点的分析可以得出如下的结论:汉语的音乐性强,声音优美而富于表现力,它对吐字发音提出了较高的有独特性的要求。

二、在符合语音规律的条件下改善吐字发音

播音要求在发音准确的基础上让表达变得更加悦耳,这就需要对口语进行加工,使其语音不走样且更动听。

(一)声母

1. 发音部位

(1)唇音:

双唇阻 b、p、m,力量集中于上唇中部,不要裹唇。

唇齿阻 f,上齿缘与下唇缘后部轻轻接近,中有缝隙,下唇不要向里裹。

(2)舌尖音:

舌尖前阻 z、c、s,成阻部位略向后移,即舌尖轻抵下齿背,舌叶上挺与上齿龈成阻;成阻面着力部分集中于舌中间;舌不要向前使劲,反而要有点后缩感觉。

舌尖中阻 d、t、n、l,除 n 外,舌尖中部着力顶上齿龈,不要全舌缘平均用力。

舌尖后阻 zh、ch、sh、r,舌尖翘起与硬腭前端成阻;舌不要后缩;两边不要用力,当然也不能因过松而使气流从舌两侧通过;舌尖不要向后卷,也不要因舌尖平伸而发成如英语 ch、sh 那样的舌叶音。

（3）舌面音：

舌面前阻 j、q、x，下巴略后退，舌尖抵下齿背下部，舌面前部与硬腭前部成阻；着力点在前舌面纵中部，不可太宽；舌不用力。

舌根阻（舌面后阻）g、k、ng、h，舌面后部与软腭成阻；其中 ng 一般只做韵尾，不除阻。成阻部位不宜太偏后，偏后会使整个音节发闷，尤其是 h 容易发成小舌颤音，很不好听。因此部位可略前移至软硬腭交界区。

2. 发音方法

（1）塞音 b、p、d、t、g、k 成阻着力点集中于唇舌纵中部，成阻要有一定力度，除阻要轻松地弹开。

（2）擦音 f、h、x、sh、r、s 的发音过程比较长，摩擦噪音比较明显；因汉语的吐字必须注意开头辅音的力度。成阻部位有小缝隙，气流速度加快，无除阻阶段，声音可以延长，发音时要注意不可用力挤读音节，也不可把音节发得过长，特别是 s、sh 两音若发得挤而长，会出现刺耳的哨音；当然也不能过短而影响擦音的特性。

（3）塞擦音 j、q、zh、ch、z、c 后部有擦音成分，除阻时不可用力，否则容易有阻塞感，听来笨拙。

（4）鼻音 m、n、ng 是声带振动、可以延长的响音，作韵尾时不除阻。无论是 m、n 做声母或 n、ng 做韵尾，都不要发长；尤其是韵尾的 n、ng 在语流中，舌与腭接触的趋向鲜明就可以了,并不一定完全阻塞口腔通路。

(5)边音 l 也是声带振动的响音,一不要延长,二在除阻时舌两边要向纵中部收缩,以保证发音的响亮有力。

声母中的送气音 p、t、k、q、ch、c,发音时注意不要送气过多,为了节约气流并减少噪音成分,发送气音时反而要有"收气"的感觉。

(二)韵母

发韵母时,在打开牙关的前提下,舌的活动幅度加大了。

1. 单元音韵母

(1)窄元音 i、ü、u、-i,口腔开大一些,舌高点离上颚略远一些,可以使声音通畅,免得把声波挤入鼻腔,产生鼻化。

(2)宽元音 ɑ,口腔不可张开得太大,应减小口腔开合幅度,使口形动作灵活而美观。

(3)前元音 i、ü,随着口腔的加宽,舌高点略向后移,前声腔扩大,声音更加明朗通畅。

(4)后元音 u、e、o,舌高点略向前移,使声音较易于送出口外,不至闷闭于口内。

(5)卷舌元音 er,开始的舌高点是最放松的央位[ə],发音时,舌尖向上翘动。

2. 复元音韵母

增强舌的滑动与唇的展撮感,适当加大舌的动程,以取得变化丰富的泛音共鸣。

(1)二合复韵母 ai、ao、ou、ia、ie、ua、uo、üe,不要发得近似于单元音。

(2)三合复韵母 iao、iou(iu)、uai、uei(ui),舌高点滑动呈弧形,不要走捷径发得过于平直;特别是 iou 与 uei 在前拼声母时,不要丢掉韵腹。

(3)充当韵腹的前元音或后元音,向中间靠拢,接近央元音。如 ia、ua 的 a 都向中间靠拢,发成[iA]与[uA]。

3. 带鼻音韵母

(1)注意由口音向鼻音的过渡,一到鼻音即结束。不要以前面整个元音的鼻化代替韵尾的鼻辅音趋向;鼻尾音也不要延长。

(2)前鼻尾 n 与后鼻尾 ng 要发准确,不要发成不前不后的舌面鼻音。

(3)舌的动程要鲜明适当。特别是以 i、ü 开始的前鼻音韵母更要注意:in、ün 舌的动程最短,发 i、ü 时口腔要开大一些,使动程略为延长;ian、üan 当中的 a 要开到[e]的程度,不要发得过窄,使整个韵母近于 in、ün,当然也不能开得太大,如果开到[a]的程度让人听起来就不舒服了。

(三)声调

声调要注意气息压力的调节及调形的保持。

1. 阴平

普通话的阴平是高平调,调值高,需要较强的气息压力。

2. 阳平

阳平调最容易变形。当前面是阴平或阳平音节时,由于它们的结尾高,后面的阳平音节开始容易带个小弯,在语流中这是不可避免的现象,但如果弯曲过于明显就改变了阳平的调形而成了接近上声的弯曲调形,使字音扭曲。比如把"光荣"发成 guāng rǒng,"人民"发成 rén mǐn。实际上,在语流中大多数上声变成了半上或阳平,在句子中的音节很少出现弯曲的调形。若阳平的弯曲过于明显而改变了阳平的调形,就会使语调给人以矫揉造作之感,甚至会混淆语义。

3. 上声

当上声音节由于音变而发成半上并处于语调的低处时,声音最低,声带最松,如果此时发音没有气息的支持,整个音节都会变得喑哑,声音像卡在嗓子内。

4. 去声

去声音节处于句重音位置时,注意不要用力过猛。

声调的音高变化是相对的,随表达的需要而改变其高低与变化幅度。因此,用夸张音高升降幅度的办法以保持调形的清晰是不适宜的,因为它会破坏语调抑扬的自然形态,从而降低语言的表现力,又容易助长"一字一板"的"念"调。

声调的音高变化必须符合语调的要求,符合语气、节奏变化的需要。

第三节 咬字器官及其训练

喉部发出的声音,经咽腔到达口腔,在口腔内受到各种节制而形成不同的字音。这个受节制的过程就是咬字的过程,那些对声音起节制作用的口腔内的各部分就是咬字器官。

口腔之所以能灵活地节制声束,使其形成各种不同的语音,是由于:

(1)口腔的上下两大部分可以有控制地开合,以改变口腔的容积。

(2)口腔下部有能灵活运动的舌,它可以与口腔上部形成各种阻碍,舌高点使口腔分为前后两个腔体,舌的形状变化使口腔的形状也随之变化。

(3)口腔上后部的软腭能升能降,以阻塞或打开鼻腔通道,改变口咽部的形态。

(4)口腔最前端以开闭、展撮自如的唇为声音的出口。

基于这些部分的活动,口腔能灵活变换它的容积和形状,它们对呼出气流构成的各种阻碍形成不同的辅音。口腔不同的形状与容积造成了不同的元音音色,而它的肌肉的每一次紧张构成一个音节。

由此可见,吐字的功力来源于对咬字器官的灵活控制。欲使吐字清晰而优美,首先要锻炼咬字器官。

咬字器官是一个协调动作的整体,各部分互相关联;它们之间又各有分工,对吐字质量起不同的作用(图8-1)。

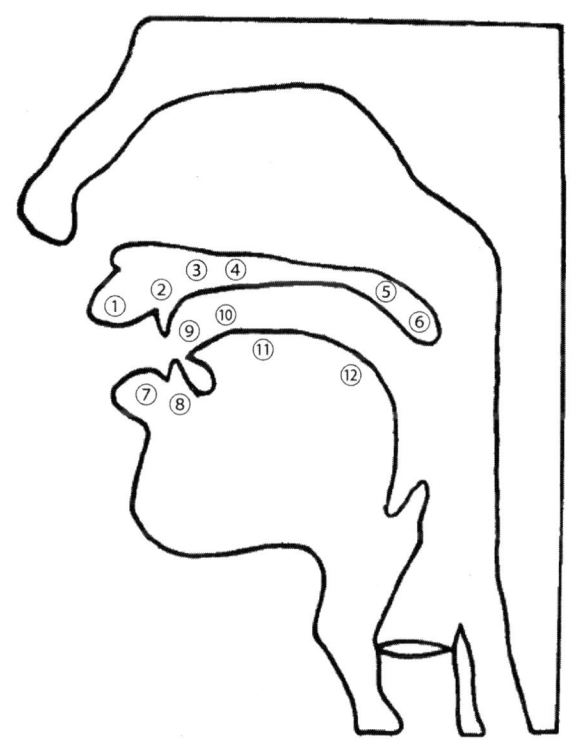

①上唇②上齿③上齿龈④硬腭⑤软腭⑥小舌⑦下唇⑧下齿⑨舌尖⑩舌叶⑪舌面⑫舌根

图8-1 咬字器官

一、牙关

牙关是上颌和下颌之间的关节,它使口腔开合。

(一) 牙关的作用

上下颌关节的运动直接关系到口腔开度及口腔容积,在吐字过程中起以下作用:

(1) 牙关影响口腔的泛音量。口腔开度越大,泛音量越大,它直接影响元音的第一共振峰。发不同元音的不同口腔开合度的比例关系全靠牙关控制,要保证各个元音鲜明而饱满的音色,就要有略大于口语发音的适当的口腔开度。

(2) 牙关是声束由咽腔进入口腔的必经通道。通道宽敞,声束能顺畅地通过而向前,口咽部的共鸣能较好地发挥作用,声音通畅响亮;如果通道狭窄,经咽腔扩大了的声束不能顺畅通过,一方面声音听起来沉闷,另一方面声束容易冲上鼻腔而产生不必要的鼻音。

(3) 牙关影响舌的活动范围。为了使字音清晰而圆润,舌的活动幅度要比在口语发音时加大,这就必须适当打开牙关,给舌的活动创造必要的条件。

(4) 牙关的打开使口腔前部的器官运动更加灵活有力。

由此可见,牙关的开合直接影响字音的清晰、圆润及饱满。播音吐字要求口腔开度比日常说话时大些。在吐字过程中,口腔开度是不断变换的,这就要求牙关控制非常灵活。

(二) 牙关的生理结构与机能

口腔的上骨壁连于头骨的颞骨,不能活动,口腔的开合全靠下颌关节带动下巴活动。

下颌关节既稳定又灵活,具有转动运动和滑动运动的左右联动关节,俗称"挂钩"。它的运动关系着咀嚼、吞咽、语言及表情等功能(图8-2)。

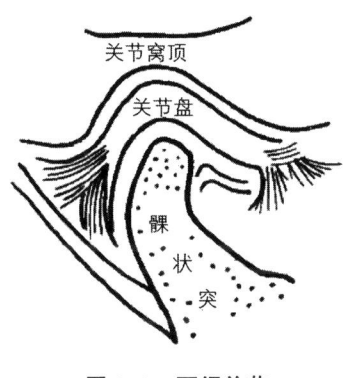

图 8-2 下颌关节

下颌关节的活动,主要是下颌骨的髁状突在颞骨的下颌关节盘内的转动与滑动。它的基本功能运动有开闭运动、前后运动和左右运动,这些运动可以单独进行,也可以同时出现。下颌关节通过有关肌肉的配合和精细动作的调节进行多样活动。

咀嚼肌(提颌肌)是运动下颌关节的主要肌群,包括嚼肌、颞肌等,强而有力,受三叉神经下颌支的支配。当开颌肌群收缩时,口部张开;此时,主持闭口的提颌肌嚼肌、颞肌等也有明显的活动,以对抗开颌肌。当闭口时,舌骨上的开颌肌群松弛,而颞肌、嚼肌等提颌肌同时收缩,下巴回复原位。由此可见,口腔的开合控制是在开颌肌与提颌肌的拮抗作用中完成的,其中的提颌肌、颞肌与嚼肌在口腔的开合过程中都起作用(图8-3)。

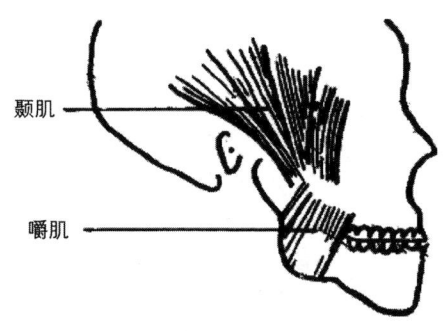

图8-3　颞肌、嚼肌

(三)口腔开合训练

在播音时,牙关应比日常谈话时开得略大一些。下巴放松而略向后退,上下槽牙间像嚼着弹性物而保持一定距离地打开、闭拢。强大的提颌肌、嚼肌及颞肌始终在工作着,使我们在开口时有上槽牙向上打开的感觉;而闭口时觉得口腔上部像啃东西似的向下扣,口腔开合灵活而有控制。因咀嚼肌受三叉神经分支支配,口腔开合的咀嚼感有利于发声。

练习一:按上述要求做口腔开合的咀嚼练习。

练习二：克服下巴紧张的练习。下巴紧张会影响喉部肌肉的紧张，对发声不利。如在发声时有下巴紧张的毛病，可做如下练习。

用手扶住放松而微收的下巴，使其固定。缓缓抬头以打开口腔，再缓缓低头以闭口；反复练习，体会下巴放松的感觉。

二、舌

舌是活动最积极、影响最大的咬字器官。

(一) 舌的作用

在汉语普通话的所有音素中，除辅音的唇音 b、p、m、f 外，无不依赖舌的活动；而在音节中，则全部都有舌积极的活动。从这个角度看，控制舌的活动是吐字中最重要的一环。

(1) 舌的活动直接影响字音的准确。发辅音时，舌的有关部分与口腔上部构成阻碍；发元音时，舌位适当地前后高低移动；在音节中，舌处于符合规律的活动状态。

(2) 字音的清晰及集中与舌的状态密切相关。

舌的弹动力越强，声母发得越清晰；舌如果软绵绵的，阻气乏力，声音就较模糊。

元音的舌高点把口腔分为前后两个腔体，舌高点越鲜明，元音音色越清晰。

无论是发辅音还是元音,舌的有关部分力量集中,声音就集中;如果力量分散,声音也就散漫。

(3)舌的滑动感影响字音的圆润度,舌的滑动感强、滑动幅度较大,字音才能圆润饱满。

(4)舌是口腔内体积与表面积较大的无骨质肌肉组织,它的状态对整个口腔状态都有影响。一方面,舌后部的提高或后退都会使口咽部变得狭窄而不利于声束的通过及共鸣的发挥,压舌根又会导致喉部肌肉的紧张,因而发声时,舌面后部以平展状态为好;另一方面,舌如果比较韧挺,音波被它吸收得少些,声音就响亮些,如果舌完全松软,音波被它吸收得多些,声音就暗些。

总体来看,字音的准确、清晰、集中、圆润、响亮无一不与舌的状态紧密相关。

(二) 生理结构

舌附于下颌骨,分上下两面。舌的前三分之二位于口腔内,即舌体;舌的后三分之一参与咽前壁的构成。通常我们所说的"舌根",实际上是舌体的后部,称"舌面后"更为确切。

舌下面黏膜薄而平滑,在中线形成舌系带。舌系带过短,影响吐字的清晰。

舌主要由横纹肌构成,分为舌内肌和舌外肌两部分。舌内肌纤维纵横交织,能灵活改变舌的形状。舌能伸能缩、能卷能翻、能凸能凹。舌外肌起自下颌骨、舌骨、茎突及软腭而止于舌,收缩时依肌纤维的方向变换舌的位置。舌内肌与舌外肌协同动作,使舌能进行复杂又灵活的运动。如果舌部肌肉全部松弛,舌会向后缩,以致压迫会厌,阻塞喉部(图8-4)。

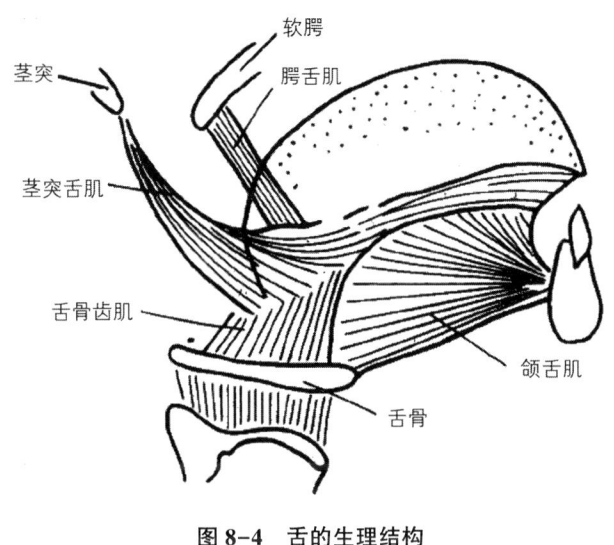

图 8-4　舌的生理结构

(三)舌的训练

汉语普通话没有小舌音与喉音,语言多形成于舌体部,即舌的前部和中部,因而舌前部及中部的灵活有力是训练的中心要求。

(1)吐字时,舌要有向前活动的感觉,而不能向后缩。

(2)增加舌体活动的灵活性及弹动力,以保证字音的准确与清晰。

(3)加强舌前中部的收拢上挺能力,使力量集中在舌的中纵线,以保证字音的鲜明集中。在打开牙关的前提下,舌必须具有这种收拢上挺的力量,才能保证字音的清晰、鲜明。吐字时,舌高点以后的舌面要尽可能保持平展、放松。

练习一:弹舌。舌尖上翘,以较快速度来回弹上齿下缘。目的是活动舌头,增加舌的灵活性。可以在练习开始时做。

练习二:刮舌。开始时舌尖抵下齿背,上齿缘接触舌叶;舌前部逐渐挺起,上齿缘沿舌的中纵线向后刮,口腔好像被舌撑开,直至不能再张大。这是练习舌的收拢上挺。

练习三:伸卷。用力将舌伸出口外,使舌前端呈尖形;向上卷回。

练习四:舌左右立。舌在口内翻动90°,使左边缘向上立起;再翻动180°,使右边缘向上立起。这个练习难度较大,需经一段时间的练习才能掌握。

练习五:顶腮接围口转。闭唇,以舌尖用力顶左腮;再用力顶右腮;将舌前端置于齿外唇内,舌尖依上→左→下→右的方向转动,然后再以反方向转动。

练习六:发音。用短促的声音发 de、ge、le,舌的相应部位要有一定力度。

练习七:绕口令。

调到敌岛打特盗,特盗太刁投短刀。

挡推顶打短刀掉,踏盗得刀盗打倒。

以上各练习都需要重复做若干次。

三、腭——俗名口盖，分隔口腔与鼻腔

(一) 生理构造

腭分前后两部分，前三分之二是硬腭，后三分之一是软腭。

硬腭呈穹隆状，有牙弓围绕。由骨质水平板构成支架，表面覆以软组织。硬腭中纵线由前及后明显突起，叫腭中缝；软组织在腭中线处很薄，只有黏膜，而两侧近牙床处显著增厚。

软腭是腭的后部，由结缔组织和肌肉构成，附着于硬腭后缘。斜向后下方延伸，为腭能活动的部分，被称为腭帆。中央伸向下方的指状突起，称悬雍垂，俗名小舌。软腭后部向两侧形成前后两道皱襞，前面的连于舌，叫舌腭弓，也叫前弓；后面的连于咽侧壁，叫咽腭弓，也叫后弓。两弓间的三角形凹陷是扁桃体窝。腭帆、舌腭弓和舌根共同围成咽门。软腭的黏膜下组织在悬雍垂、舌腭弓及咽腭弓处特别疏松，发炎时容易水肿。软腭能升能降；两侧咽腭弓能互相接近。咽腭肌有上提咽、喉的作用，舌腭肌能上提舌根和缩小咽门。

腭肌与咽肌配合而动，控制咽腭闭合，对人的呼吸、吞咽、语言等起重要作用。

(二)在吐字发声中的作用

(1)腭是口腔的上盖、鼻腔的底板。口腔共鸣作用与上腭穹隆状态有所关联。一般情况下,腭拱宽而长的利于低泛音共鸣,腭拱短而深的利于高泛音共鸣,腭拱过于窄深容易使声音锐利。

(2)腭帆与舌腭肌直接控制着咽口的大小,是控制声束能否通畅进入口腔的门户;软腭又是后声腔的腔壁,适当提起软腭能较好发挥后声腔的共鸣作用,使声音宽厚、结实。

(3)腭帆提起,腭咽闭合,鼻腔通路即被切断,这是发口音的一般状态;腭帆下垂,鼻腔通路打开,这是日常呼吸及发鼻辅音或鼻化元音的状态。在吐字过程中,软腭的升降是比较频繁的。如果腭帆活动不灵活,经常处于下垂状态,就会出现囔鼻音。

(4)硬腭前部是发音的主要内感区,如果我们感觉声束集中到这里,就能提高发音效率及声音的明朗度,良好的口腔共鸣就会产生(图8-5)。

(三)腭的训练

上腭随牙关的打开有整个提起的感觉。对镜自照,可以看见前弓、后弓与腭帆成穹隆状,透过穹隆可以看到后咽壁。注意软腭不可提得太高,也不要压舌根。

第八章 吐字——口腔控制

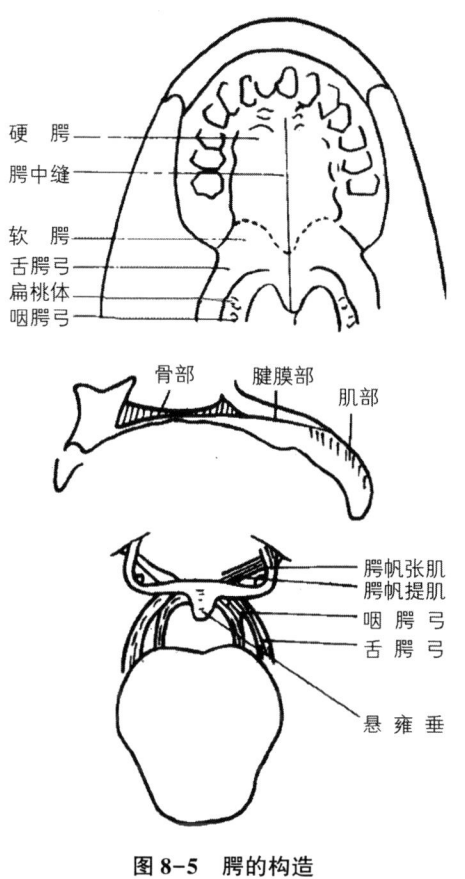

图 8-5 腭的构造

练习一：半打呵欠。像半打哈欠状态打开牙关、提起上颌（软腭有撑起感）；再缓缓闭拢。半打哈欠，就是说口不要大开，软腭不要过挺。

练习二：软腭升降。口轻松地半开，提软腭以闭塞鼻腔通路，打开时有轻微爆破声。重复若干次。体会腭咽闭合与打开的不同感觉，提高软腭升降的灵活性。

练习三：软腭升降发元音。先提起软腭，发六个单元音

a、o、e、i、u、ü;再垂下软腭,发六个鼻化元音 ã、õ、ẽ、ĩ、ũ、ü̃,体会发音时软腭的不同状态,辨别口音与鼻化元音的不同色彩。

练习四:纠正鼻化元音练习。普通话没有鼻化元音,如果你发音时有鼻化色彩重的毛病,可做如下练习。半打哈欠状开口吸气,当软腭升起隔断鼻腔通路时,以拇指及食指轻按鼻骨两侧或捏住鼻翼,以堵塞鼻腔通路,发 ba、bi、bu,直至鼻腔无明显振动为止,体会此时的软腭状态,放开手指再发。

四、唇

唇是声音的主要出口,吐字的重要器官。

(一)唇的作用

唇是口腔的前端,字音的出口,唇的控制对吐字质量影响明显。

发音时,如果唇向前突出,等于在唇齿之间给声道加了个"嘴子",声音会带上不好听的"u"音色彩,使人感到沉闷,字音也容易包在口中。如果唇收拢并与齿相依,声音就明朗多了,字音也容易吐出口外。

唇的收摄力强能使声音集中,收摄力弱易使声音散漫。

汉语语音的特点使唇的作用更为突出。首先,汉语韵母有开、齐、合、撮之分,它们与开始发音的唇形有密切关系。

(1)开口呼：a、o、e、i、er、ai、ei、ao、ou、an、en、ang、eng，开始发音时唇裂较宽，唇较放松；

(2)齐齿呼：i、ia、ie、iao、iou、ian、in、iang、ing，开始发音时唇形扁平，上唇几乎与上齿下缘平行，因而叫"齐齿"；

(3)合口呼：u、ua、uo、uai、uei、uan、uen、uang、ueng、ong[uŋ]，开始发音时唇呈圆形，因发 u 音时前声腔大，口唇有合拢之感，叫"合口"；

(4)撮口呼——i、ie、üan、ün、iong[yŋ]，开始发音时唇形较圆，因发 ü 音时前声腔小，有撮唇感，叫"撮口"。

韵母的开齐合撮之间有一定的对应关系，唇形的不正确会使字音出错，影响语义，特别是撮口与齐齿之间，舌位相同，只是唇形不同，更需要严格区分。

另外，韵母中韵尾元音 i 或 u(o)也与唇形直接相关。由此可以看出，汉语普通话的全部音节与唇形之间的关系都比较密切，因而，唇形控制对汉语普通话吐字有特殊意义。

此外，唇与颊相连，唇的状态也会带动充当口腔侧壁的颊肌状态，从而影响字音的色彩。

(二)生理构造

唇分上唇、下唇，中间是横着的口裂。唇的活动受口部肌肉的控制。口部肌肉在口腔的出口、前壁与侧壁，共分为四组。

(1)唇下组肌肉牵动下唇;

(2)唇上组肌肉中的笑肌牵引口角向外,颧肌(颧大肌)和颧小肌牵引口角向外上方,这是人在笑时起主要作用的口部肌肉。

(3)口轮匝肌主管唇的撮出、闭合;

(4)颊肌纤维向口角汇聚,收缩时牵引口角向后,并使颊部贴近上下颌牙齿。

以上四组肌肉中,口轮匝肌呈环形,它的功能是缩小口裂;在唇四周呈放射状排列的其他肌肉,收缩时开大口裂;二者相互拮抗。在吐字中作用最大的是唇上组肌肉及颊肌与口轮匝肌的拮抗力(图8-6)。

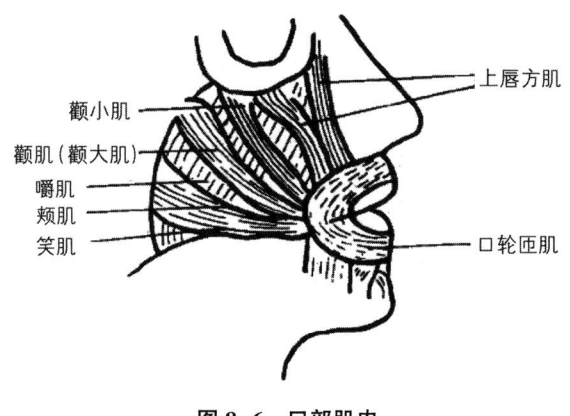

图8-6 口部肌肉

口部肌肉属于表情肌,肌束薄,收缩力小,当人的情绪变化引起肌肉收缩时,同时影响言语声出现不同的感情色彩。实验证明,表情肌的活动也可以在一定程度上对情绪起反作用。比如,当面部肌肉呈微笑状时,大脑皮质也会出现类似喜悦时的情状,声音色彩也随之明朗。

(三)唇的训练要求及练习

(1)唇在吐字过程中不停地活动,为了保证字音的清晰、集中,唇的撮展要非常灵活。

(2)播音时,单位时间内吐字数量大,因而唇的活动幅度不能大,大了就会"嘴倒不过来",唇活动时要"唇不离齿"。

(3)在唇活动幅度不大的情况下保证字音清晰,唇必须有较强的收撮力,力量集中于上唇中段。要求利用颧大肌、颧小肌、颊肌等向外上方提上唇的力量与上唇向中撮合力的拮抗以及控制唇形的细微调节,一般把这种状态称之为"提颧肌",也就是所谓"口呈微笑状"。其实,生活中微笑时,上唇是放松的,拮抗力并不明显,换句话说,"提颧肌"与生活中的微笑还有所差别。表情肌的状态与个人情绪状态相关,播音员要根据情绪的要求灵活控制唇形,不能在所有情况下都"提颧肌",不能一味"笑眯眯"地播音。至于把"微笑状"体会为嘴角向后咧,把口裂拉扁,则很容易使撮口呼及合口呼唇形撮不起来,更是播音吐字所不可取的。

(4)发"四呼"时的唇形要求:

开口呼,口裂不要过大;

齐齿呼,口裂不要过扁,相对要圆一些;

合口呼,唇不要向前突出;

撮口呼,撮两唇角即可。

吐字时,整个口形动作要滑行自然,唇紧贴齿外,幅度不大,音色清晰明朗,口形美观。这就是古人所讲究的"口角轻圆"。

练习一:撮唇。开小口,在提颧肌的前提下,唇沿齿向中间撮合,再展开;反复。这是唇的基本练习。

练习二:增强唇力练习。合口噘唇,向上、下、左、右动。

练习三:转唇。合口噘唇,沿上→左→下→右方向转动,再反方向转。

以上两个练习在口部肌肉有一定力量后就可停止。

练习四:双唇打响。闭口提颧肌,上唇向中间缩,力量集中于上唇中部;反复发不带元音的 b,有清晰的爆破声;除阻时能感觉到唇上肌向两侧斜上方的牵动。

练习五:ba 音击点。面向墙壁,以练习四同样的状态发 ba 音,想象墙上与口平行处有一小窝,每个 ba 音都是一个小球,由口把小球喷弹到小窝内。以意念带动声音的集中。

练习六:绕口令。

八百标兵奔北坡,炮兵并排北边跑。

炮兵怕把标兵碰,标兵怕碰炮兵炮。

练习七:四呼发音练习。这是最重要的综合性唇形练习。面对镜子,按照前面谈到的发四呼的口形要求,依次发开口呼、齐齿呼、合口呼、撮口呼;听声音,看口形;声音要准确圆润,口形要自然美观。

五、咬字器官综合训练

(一)吐字过程中口腔的状态

在实际吐字过程中,口腔的各部分是协调一致进行活动的。在播音吐字时,我们要适当扩大口腔开度,以扩大舌的动程,使字音更为清晰、饱满。口腔的状态可以概括为两句话:口盖提起如穹隆,唇舌灵活力集中。

口盖提起如穹隆——要使字音圆润饱满,必须有一个好的口腔环境。口腔要有一定开度,口盖要有提起感,成为一个较坚韧的圆顶,使字音得到较充分的泛音共鸣。

唇舌灵活力集中——要使字音清晰集中,唇舌必须灵活有力。要讲究牙关的开合咬嚼力,腭的挺起升降力,舌的顶弹滑动力,唇的喷闭收撮力,这要靠有关肌肉的拮抗取得。力量要集中到上唇中段、舌的中纵线上,这样弹动轻快,出字轻巧有力。

在吐字过程中,舌与唇是不停滑动的。在打开牙关的前提下,舌的滑动幅度相对加大,舌的上挺力相对加强,唇也增加了收撮力。口腔这种"后开前有力"的状态,增加了字音的清晰度和圆润度。

(二) 口部操

口部操可以集中训练咬字器官的灵活控制能力。

口部操的一般顺序是：张口咀嚼；唇的展撮；弹舌，刮舌，立舌，顶腮，转舌，再弹舌，以及发 b、d、g 等。每个人可以针对自己的情况进行组合练习。

口部操多在早晨练声前或上早班前做。

(三) 字音形成的感觉

字音形成的感觉是在喉咽部发出的声束沿上颚中纵线向硬腭前部流动的过程中，受到舌、腭、唇等部位的节制，产生圆润的字音"挂"于上口盖的感觉。

第四节 吐字归音

吐字归音是我国古典唱法中对吐字法的概括，有人誉之为古典唱法的精髓。它根据汉字字音的特点，提出在吐字过程中各环节的发音要领。元代出现了这方面的理论著述，被我国戏曲曲艺界言传身授，世代相袭。吐字归音就是无论一个字唱得多么长,字音仍能保持清晰饱满、圆润动听。当代语言学家以现代语言学理论给以分析、总结,使它的影响范围遍及各有声语言艺术品种。[①] 20 世纪 60 年代初,播音员开始这方面的学习与锻炼,获益匪浅,并开始探索吐字归音这一民族文化遗产在播音运用中的特点。

一、历史发展简况

元代以后,戏曲、杂剧艺术得到较高的发展,研讨唱法的理论著述也丰富起来,其中不少篇幅是探讨字的读法、唱法的。元代的燕南芝庵提出:"声要圆熟,腔要彻满。"明代的魏良辅说,"曲有三绝:字清为一绝",在"曲有五难"中提到的"开口难,出字难;……转收入鼻音难"都与吐字有关。明代的沈宠绥在《度曲须知》中第一次提出"吐字归音"的概念,他赞赏一女郎唱得好,说她"发调高华,出口雅丽,吐字归音,个个绝顶"[②];沈宠绥说,"凡敷衍一字,各有字头、字腹、字尾之音","凡字音始出,各有几微之端,似有如无,俄呈忽隐,于肖字则似西音……,此一点锋芒,乃字头也。繇字头轻轻吐出,渐转字腹,徐归字尾,其间从微达著,鹤膝蜂腰,颠落摆宕,真如明珠走盘,晶莹圆转"。这些论述为吐字归音的理论奠定了

---

① 周殿福.艺术语言发声基础[M].北京:中国社会科学出版社,1980:160-188.
② 傅惜华.古典戏曲声乐论著丛编[M].北京:人民音乐出版社,1984:67.

基础。到了清代，有关著述较多。戏剧家李渔把字分为字头、字尾、余音，进一步提出"出字收音"时，"字头、字尾及余音，皆须隐而不现，使听者闻之，但有其音，并无其字，始称善用头尾者。一有字迹，则沾泥带水，有不如无矣"。徐大椿在《乐府传声》中，对字音的形成提出了科学的论断，他说，"欲改其声，先改其形"，"识真念准，审其字声从口中何处着力，则知此字必如何念法方确，即知其形于长短阔狭之内居何等矣"。他还说："欲读此字，必得此字之读法，则其字音始真，否则终不能合度。"王德晖和徐元徵合著的《顾误录》进一步论述了有关吐字及纠正吐字毛病的问题，他们把字的头、腹、尾称为"声、音、韵"，主张"由字头轻轻发音，渐转字腹，徐归字尾。其间运化，既贵轻圆，犹须熨帖，腔裹字则肉多，字矫腔则骨胜，务期停匀适听为妙"；关于字与腔的关系，他们提出"字为主，腔为宾。字宜重，腔宜轻。字宜刚，腔宜柔"的见解。他们还指出"误收""不收""烂腔（棉花腔）""包音"等吐字毛病并分析了成因。[①]

　　由以上简略介绍可以看出，吐字归音的理论是经过几代人的研究逐渐发展起来的，它确是前人留给我们的珍贵文化遗产。

　　但是，古人对吐字归音的研究也有其局限性与不足之处。

　　他们对什么是字头、字腹、字尾，概念不够清晰。如果说

[①] 傅惜华.古典戏曲声乐论著丛编[M].北京：人民音乐出版社，1984.

每个字音都有头、腹、尾,似乎是根据音节的发音过程而言,因为每吐一个字必然有它的开始、中间和收尾阶段,而从他们以"反切"的上下字对字音进行分析看,又似指音节结构;对什么是字腹、字尾,各有见解,概念不清。这与当时没有科学的标音符号有关。用反切法给字注音,对字音结构难以做出确切的阐明。因此,这份宝贵遗产更多地局限于口传心授的范围,不利于大面积推广。

另外,如果从专业的角度看,还存在一个问题。吐字归音是古典唱法理论的一个重要部分,是从"唱"的角度总结出来的,而播音则属于言语,即"说"的范畴。"说"与"唱"有不同的要求。

对于前一个问题,当代的语言学家已给予科学的解释,使之利于理解,利于掌握,而对后一个问题却需要播音员总结实践经验给以解决。

二、音节结构——什么是字头、字腹、字尾

当代的语言学家从音节结构的角度分析字音的头、腹、尾。

字头=声母+韵头(介音)

字腹=韵腹(主要元音)

字尾=韵尾(尾音)

由于汉语音节只有主要元音(字腹)是不可缺的,零声母音节无声母(字头),开尾音节无韵尾(字尾),因此,就不能说每个字音都有头腹尾了。

表8-1 吐字归音、音节结构示例表

例字	字头	字腹		字尾	字神
	声母	韵母			声调
		韵头介音	韵腹主要元音	韵尾尾音	
广	g	u	a	ng	ˇ
播	b		o		-
学	x	ü	e		´
院		ü	a	n	`
上	sh		a	ng	`
午			u		ˇ
有		i	o	u	ˇ
会	h	u	e	i	`

在吐字过程中,对字头、字腹、字尾的处理,分别叫作出字、立字、归音。

三、出字

出字是对字头的处理。字头要叼住弹出。

(1)字头是一字之头,对它的处理影响整个音节的质量。咬得无力,有声无字;咬得过狠,字拙而滞。字头又有阻气、蓄气的作用,字头阻气有力,气息才能在成阻部位之后形成一定压力,所以有"字头取气"之说。"字正腔圆"中的"字正"首先要靠字头部位的准确。从字头在吐字中的作用看,字头确是一字之头。

(2)介音(韵头)为什么放在字头范围内?介音是介于声母和主要元音(韵腹)之间的过渡性音素,在实际吐字时,它直接影响声母的唇形,与声母结合得十分紧密。试比较"广 guǎng"与"钢 gāng"中声母"g"的唇形便会发现:发"广"字时"g"的唇形是圆的,即在声母发音时唇与舌已作好发介音 u 的准备;而发"钢"字时,"g"的唇形是自然的。同样的道理,发"电 diàn"字时,因受了后面介音 i 的影响,"d"的唇形是扁的;而发"但 dàn"时,"d"的唇形是自然的。由此可见,"四呼"的发音要领在汉语音节发音中有着多么重要的地位,它不仅与韵母开始发音时的唇形、舌位直接相关,而且影响到声母发音的唇形及舌位。这就无怪乎徐大椿在谈读字口法时对"四呼"的重视了,他这样说,"盖喉舌齿牙唇者,字之所从生;开齐撮合者,字之所从出","故五音为经,四呼为纬。"

(3)出字要叼住弹出。关于咬字的部位要准确,各种发音部位及方法应注意的问题在前面都已谈过,下面仅就出字的两个阶段"叼住""弹出"进行探讨。

"叼住"是指声母的成阻与持阻阶段,也叫咬字阶段,它包含下列的意思。

①咬字要有一定力度,即成阻部位的肌肉要有一定紧张度,阻气有力;

②咬字的力量要集中在相应部位的纵中部,而不是满口用力;

③声母的唇形要合适,特别是"齐、合、撮"三呼,如果没有相应的唇形,就谈不到"叼住";

④要有"叼"东西的巧劲儿,不能咬得过紧或过松,对此,戏曲界有这样的比喻:叼字像大老虎叼着小老虎窜山过涧,不能把小老虎咬死,也不能让小老虎掉下去。

"弹出"是指声母的除阻阶段,也叫吐字阶段。它的含义是轻捷而有力,像弹出弹丸,不粘不滞,不拖泥带水,不使拙劲。

只有"叼住"了字头,才可能"弹出",叼住是为弹出做准备。叼住弹出是瞬间的事,长了会形成"字疣"。

"叼住弹出"的感觉在塞音中体现得比较明显,而在声母是擦音、塞擦时,我们就需要根据发音方法的特点加以灵活运用。

(4)零声母音节的出字也要有一定力度,才能使整个音节鲜明清晰。

①i、u、ü开始的零声母音节,舌位适当提高,增加舌相应部位的紧张度,使之有适度的摩擦,即发成半元音[j]、[w]、

[ɥ]。从这个角度看,汉语拼音方案的 y、w 就可以视为这类音节的字头。

②对开口呼的零声母音节,相应增加开始元音有关舌位的肌肉紧张度,必要时可在音节前加喉塞音[ʔ]。这个问题在实践中比较重要,如处理不好,这样的音节会连在前一音节的后面,导致音节模糊,语意不清,如"皮袄 pi'ǎo"会使人听起来像"漂 piǎo"等。

(5)播音实践中出字方面存在的问题,一为"浮",一为"拙"。"浮"指出字无力,字音模糊,这是初学者因唇舌无力而易犯的毛病。有人为了纠正这个毛病,在吐字时用力过猛,结果弄巧成拙,使播的人和听的人都感觉不自然。

四、立字

立字是对字腹的处理。字腹要拉开立起。

(1)对字腹的处理影响到字音的圆润、饱满。字是随着字腹的拉开而在口腔中"立"起来的,因而我们称之为"立字"。主要元音在一个音节中口腔开度最大,泛音共鸣最丰满,声音最响亮。我们要求"吐字如珠",字腹的处理起相当重要的作用。

(2)字腹要拉开立起。在字头轻轻弹出后,口腔随着字腹的到来而拉到适当开度,我们感觉字音随上颚的提起而

"立"起来。在牙关打开的前提下,这个开度略大于生活言语的字腹开度,以便我们取得较清晰的音色和较丰富的泛音共鸣。结合声束向硬腭前部的流动冲击,这个时候我们就有了字音"挂"于上颚的感觉。

(3)对以下几类韵母的立字要给以注意。

①字腹是较窄元音 i、u、ü、e 的,口腔拉开的程度一定要比生活语言的开度大些,口腔圆些;尤其要注意 in、ün 中的 i、ü,否则舌在口腔内的动程太小,声音缺乏圆润感。

②韵母是 ian、üan 的,因发字腹前后的两个音时,口腔都很窄而舌位相距很近,容易把字腹带窄,拉不开,使字立不起来,甚至把 ian 发得近于 in,把 üan 发得近 ün,影响字音的准确。比如把"宣传 xuān chuán"发得像"熏 xūn 传","田间 tián jiān"发得像"tín jīn",这样的问题在广播中并不少见。当然,在字音上不能矫枉过正,ian 中的 a 本是[ɛ],如发得过宽成了[ɑ],也就不准确了。

③韵母 uen 中的主要元音是 e [ə],虽然书写时省略了这个 e,在发音时却不能省略,口腔还是要有一定开度。

④吐字时,口腔是随字腹的立起而打开的。立字的主要问题是拉不开,致使字音发扁,不够饱满。另外,也有人习惯于拉长某些音节的字腹,以致出现发音的拖腔甩调。

五、归音

归音是对字尾的处理。归音要到位弱收。

(1)语言艺术工作者在吐字方面最容易犯的毛病就是不归音,以致造成"半截字",让人听起来不完整。明代沈宠绥就是从这里开始研究吐字归音的。他在《度曲须知》的《中秋口曲》一节中惊愕于"收者什一,不收者什九";指出"从来词家只管得上半字面,而下半字面,须关唱家收拾得好","功夫全在收音"。他当时提出的问题:"彼尾音欠收者,能受一砭否?"到今天仍有现实意义。

为什么会出现尾音不收的情况?《顾误录》中分析说:"自恃喉音清亮,纵情使去,遂至往而莫返。"徐大椿则提出:"方声之放时,气足而声纵,尚可把定,至收尾之时,则本字之气将尽,而他字之音将发,势必再换口诀,略一放松,而咿哑呜咿之声随之,不知收入何宫矣!"显然,这主要是从"唱"的角度谈的。从语音上分析,每一次肌肉紧张度的增而复减,就形成一个音节。声母的紧张是突然增强的,音节中紧张的最高点叫音峰,它总是落在主要元音上;紧张逐渐减弱的最低点叫音谷,那就是音节的分界处;字尾正是处在紧张度下降的阶段。如果我们在发音时只注意声音的响亮,不注意音节的完整,就很容易把这个处于衰落阶段的字尾忽略掉,"遂致往而莫返",成了"半截字"。

(2)字尾处于口腔由开渐闭的阶段,肌肉由紧渐松的阶段,因此对字尾的处理要到位弱收。

"到位"是针对不收而言的,意思是尾音要归到应有的位置上。充当尾音的有元音 i、u(o),鼻辅音 n、ng。这时说的到位不是要求如单发 i、u、n、ng 那样舌位高紧、闭合完全,而是要求舌的趋向鲜明,口腔有个渐闭的过程。i 尾要收到[i];u 尾要收到[u];n、ng 尾,舌的有关部位要趋向接近或轻微接触腭的前部或后部。

"弱收"是针对强收而言的。有的人矫枉过正,把尾音收得重而紧,违反了音节发音的规律;有的人收得不自如,让人听起来僵硬呆板,势必影响吐字的流畅及语言的节奏。

(3)开尾音节,即没有字尾的音节应如何归音呢？事实上,发开尾音节时,肌肉紧张度同样是增而复减的。开尾音节是在主要元音上,也就是口腔最大开度上结束,随着肌肉紧张度的减弱,口形很容易也随之变小,这样就会使音色起变化,因为"形改而声无弗改也"。因此,发音时要注意保持音色与口形,直至音节结束再变动。在肌肉紧张度下降的情况下保持口形,也是需要一定功力的。

六、吐字的"枣核形"

"枣核形"是说唱艺人对吐字过程形象化的描述,它是指头、腹、尾俱全的音节吐字的状态。字头叼住弹出,字腹拉开立起,字尾到位弱收,合起来成为一个两头小中间大的"枣核"。它涉及音节各部分口腔的开合度及所占的时间长短(图8-7)。

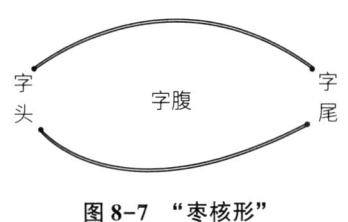

图8-7 "枣核形"

"枣核形"也就是吐字"玉润珠圆"的状态,它体现着字音的清晰圆润、颗粒饱满。明代的王骥德这样形容吐字高超的境界:"当使字字轻圆,悉融入声中,令转换处无垒块,古人谓之'如贯珠',今谓之'善过渡'是也。"他在这里谈的已不限于单个音节的吐字,而是有语流的特点了。

"枣核形"必须有气息的支撑。也就是说,吐字时,嘴里要有充满气息的感觉,字音才能结实、有光泽。否则,嘴虽张开,缺乏气息的支持,字音也不会饱满圆润。在这个问题上,"字头取气"起着关键作用。

"枣核形"是一个整体,是在口腔各部分不断滑动的过程中完成的,包含着无限数量的音素,不是由头跃到腹再跃到尾,整个字音要有滑动感、整体感,如果听出头、腹、尾来,"则沾泥带水,有不如无矣"。

七、"吐字归音"在播音运用中的特点

古人关于吐字归音的研究是建立在"唱"的基础之上的,我们在播音时,要根据实际情况灵活掌握。

唱有旋律性,要严格按照曲谱进行,拖腔较多,有时一字要拖几拍,甚至十几拍,不能随便更改,单位时间内唱出的音节数比说话要少得多。播音基本上是按生活语言节奏进行的,比较自由,速度比生活语言略慢,平均每分钟播出近二百个音节,比唱要快得多、自如得多。因此,播与唱在吐字归音方面的要求必然有所不同。

(1)唱的吐字幅度大:咬字吐字的力量强,讲究"喷口"。字腹的开度尽可能宽,以使字音尽可能响亮,曲艺艺人有"嘴里竖个鸭蛋"的要求。归音比生活语言紧、全,以保证在行腔的情况下字音清晰。播音却不能这样要求,否则会影响语言的流畅度。生活语言只要求表达意义,不要求吐字清晰圆润,但在播音时只要满足这方面的要求就可以了,吐字归音不必太过夸张。如果播音时的动作幅度过大,可能会起到相反的作用——若"喷口"强,会使面前的话筒发出"噗噗"的噪声;若口腔开度过大会影响灵活性,口齿反而显得笨拙,也增加了不归音的可能性;若尾音发得过紧,则吐字听起来不自然。

（2）"枣核形"不是一成不变的，而是随着音节的疏密、感情的要求而变化的。这方面，古人在研究唱法时已注意到，播音员在运用中应特别注意。

李渔说："字头字尾及余音，皆为慢曲而设。一字一板，或一字数板者，皆不可无。其快板曲，止有正音，不及头尾。"也就是说，他注意到较长的音节"枣核形"比较完整，而短音节就不可能那么完整了。而唱中的快板相对较少，即使是快板，吐字力度也比较强。播音就不同了，极少"一字一板"，也没有"一字数板"，音节的疏密相间、轻重变化是构成语言节奏的重要内容。一般情况下，发较长的音节时，"枣核形"比较完整，而发短且轻的轻声音节时，"枣核形"是不可能完整的。

《顾误录》中说："字到口中，须要留顿，落腔须要简净。曲之刚劲处，要有棱角；柔软处，要能圆湛。"他们从唱的角度谈到吐字、行腔与所唱内容的关系。播音所涉及的内容千变万化，极其丰富，节目形式不一，收听对象不一，需要播音员通过吐字传达出来。一般来说，昂扬的内容往往要求吐字有比较饱满的颗粒，比较干净的收束，而柔和的抒情色彩却要求把"枣核形"拉长、拉扁，有时是"余音袅袅，不绝如缕"。这其中的变化是很细微的。口中必须有功夫，才能控制得当。

总之，吐字归音与其他声音技巧一样，都是为表达思想感情服务的，要根据内容、形式、对象等的不同要求而灵活运用，绝不能本末倒置,为"枣核形"的完整而助长"一字一拍"的呆滞腔调。

(3)唱的音节长,拖腔多,要求在字腹上行腔、延长,这样声音响亮而发音省力,在行腔中还可有口腔开合的适度变化,"鹤膝蜂腰,颠落摆宕"。播音时却不能如此处理。播音员控制字音的长短主要体现在控制口腔中舌滑动的快慢和舌动程的长短上。长音节滑动慢些,动程长些;短音节滑动快些,动程短些;最短的音节复韵母变成了单韵母、鼻韵母变成元音鼻化,有的音节甚至失去腹尾,只剩下字头。如果播音员在发长音时用拖长韵腹的处理方法,就容易"形成一种唱调"。

(4)为了便于音高的大幅度升降并取得充分的共鸣,中西唱法中元音的舌位一般都向后移至口咽部。林俊卿在《歌唱发音的科学基础》中说,"'口咽'是歌唱家的嘴,任何母音须由咽腔主动唱出","迥异普通说话那样以舌的前部、中部调节母音"。顾旭光在研究传统戏曲声腔艺术时,谈到戏曲大师梅兰芳"声音成功的秘诀之一,就是靠上颚和咽腔控制字的声音。总的说,母音在咽腔构成"。[①] 显然,播音员的吐字不能采取这种方式,播音员吐字的部位、方法都不能脱离生活语言的基础而去另寻途径,否则声音听起来不朴实、不自然,听众难以接受。

---

① 顾旭光.搞好戏曲声腔研究,促进民族声乐发展[J].艺术教育,1980(2):21.

第五节 吐字的综合感觉及训练

一、吐字的综合感觉

吐字的综合感觉可归纳为五个字:拢、弹、滑、挂、流。

拢——指发音有关部位着力点向纵中部的集中;

弹——指吐字的灵活轻快;

滑——指吐字过程中口腔(主要是唇舌)的滑动感;

挂——指字音"挂"于硬腭前部的感觉;

流——指字音向前流动的感觉。

向前流动的音流,受口腔的节制形成言语声的链。每一个字都是向前流动的,在流动中成"珠","挂"于硬腭前部,"弹"出口外,汩汩不绝,像一串珠的溪流,晶莹、活跃,充满生命力。

二、吐字练习

练习一:声母练习

所有的声母与 a、i、u 相拼,要求有轻快弹动感。

ba bi bu

pa pi pu

ma mi mu

fa (fi) fu

da di du

ta ti tu

na ni nu

la li lu

ga (gi) gu

ka (ki) ku

ha (hi) hu

jia ji jiu

qia qi qiu

xia xi xiu

zha zhi zhu

cha chi chu

sha shi shu

(ra) ri ru

za zi zu

ca ci cu

sa si su

练习二：韵母练习

按四呼排列发韵母，注意"滑""挂""流"的感觉及相应的口形、舌位。这个练习对增强口腔控制能力很有好处。

练习三：声调练习

按声调组合次序发下列中重格式的两字词，注意气息与声带的协调控制。

①阴阴	播音	西安	交通	丰收
②阴阳	坚决	鲜明	新闻	宣传
③阴上	批准	发展	思想	生产
④阴去	经济	音乐	方向	规范
⑤阳阴	国家	承担	农村	狂欢
⑥阳阳	儿童	团结	人民	联合
⑦阳上	平等	民主	华北	勤恳
⑧阳去	革命	豪迈	群众	模范
⑨上阴	广播	北京	指标	统一
⑩上阳	小学	朗读	普及	解决
⑪上上	表演	展览	广场	领土
⑫上去	主要	广阔	想象	考试
⑬去阴	认真	下乡	办公	贵宾
⑭去阳	化学	报名	电台	调查
⑮去上	外语	运转	剧本	耐久
⑯去去	大厦	宴会	创办	庆贺

练习四：成语练习

①不同声韵四声依序练习

中国伟大　山河美丽　光明磊落　千锤百炼

②按声母顺序排列的练习

百炼成钢　排山倒海　满园春色　发奋图强

斗志昂扬　推陈出新　鸟语花香　龙飞凤舞

高瞻远瞩　快马加鞭　和风细雨　继往开来

气壮山河　响彻云霄　专心致志　超群绝伦

生龙活虎　日新月异　再接再厉　灿烂光明

所向无敌

练习五：记录新闻练习

用记录速度播读一条消息，力图使听者听清楚内容以便于记录，重复播三遍，最后用一般速度播。这是播音员练习吐字行之有效的方法，应重点练习。

①湖南省桂东县八面山自然保护区最近发现了十多株被植物界誉为"植物熊猫""林海珍珠"的"国宝"银杉。其中一株银杉高十四点一米，胸围一百二十点六厘米，冠幅八平方米左右，是目前湖南省发现的银杉中最大的一株，树龄约一百四十年。银杉是经过第四纪冰川浩劫幸存的珍稀树种之一。目前，世界上仅在中国极少数几个地方有所发现。

②当代著名画家张大千的长女张心瑞,最近为厦门开业的备有"大千风味"菜的爰味酒家,书写了如下楹联:"忆往昔,三百年前,汀州人士曾达一全家入川,携带甘蔗良种良甜城;看今朝,二十世纪,内江厨师红白案一行来闽,奉献大千风味香厦门。"

第九章
声音弹性

第一节 练声目的在于获得声音弹性

在人们评价播音员的声音时,往往说,"这个人的声音弹性好"或"弹性太差,适应面太窄"。"声音弹性"这个概念应该如何理解?它具有哪些特点?

一、什么是声音弹性

"弹性"是从物理学中借用来的词汇,一般用于比喻事物的伸缩性和可变性。声音弹性是指声音对于人们变化着的思想感情的适应能力,简单来说就是声音随感情变化而表现出的伸缩性、可变性。如果一个人的声音对于不断变化着的思想感情的适应力强，我们说这个人的声音弹性好；如果一个人的声音对于变化着的思想感情的适应力弱，我们说这个人的声音弹性差。在这里，"弹性"是一个和"僵硬"相对立的概念。

人的思想感情总在不停地运动变化，有时风平浪静，微波涟漪；有时风和日丽，浪花飞溅；有时风雨如晦，浊浪排空。播音员在创作中，他的思想感情是随节目内容的发展而运动变化的，这种思想感情的变化是播音创作的内在动力，它要求播音员的气息、声音也随之变化，以体现出他所感受到的一切。这实际就是播音表达的过程。由此可见，播音表达要求播音员的声音对于运动变化着的思想感情有极强的适应能力和"造型"能力，换句话说，播音表达需要用富有弹性的声音。因此我们说，播音发声训练的目的，就是为了取得声音的弹性。

二、声音色彩与感情色彩

声音色彩是感情色彩的外部体现，声音色彩与感情色彩之间有一定的对应关系，如人在心情愉快时声音是明朗的，而在郁郁寡欢时声音就比较黯淡。如果没有这种对应关系，人就不可能用声音传达情感信息，也就无从引起对方情感上的共鸣。但是在运用声音色彩进行表达时,却不能采用简单的"对号入座"的办法,即见喜用喜声,见怒用怒声……这是因为,声音色彩只不过是感情色彩的外部体现,如果失去了感情的运动变化这一声音色彩变化的内在依据,声音就失去了活力,成了空洞僵滞的东西。感情色彩变化无限、丰富细致,因而与它相适应的声音色彩的变化也必须是生动丰富的。所以我们坚决反对那种只用单一的声音色彩、"情不够,声来凑"的蹩脚表达,而要坚持从理解感受入手,"以情带声""以声传情"。

是不是思想感情运动起来,气息、声音就自然会随之产生相应的变化而达到情声一致的境界呢?我们的回答既有肯定的方面,也有否定的方面。"肯定"是指在人的思想感情处于运动状态时,气息、声音总是会有些变化的,日常生活中谈话的情形就是鲜明的例证。"否定"包括两方面的含义:一方面,播音时思想感情的运动状态不同于日常生活,它比日常生活中的感情变化更集中,因而要求更加鲜明、丰富的声音色彩的变化,而这种变化能力却不是大多数未经训练的人所能轻易达到的;另一方面,如果播音员的声音使用方法有问题,导致声音是僵着的、呆滞的,比如播音员在说话时笑眯眯或捏嗓子、压嗓子,必然会限制其声音色彩的变化,而在播音创作中产生"力不从心"的感觉。因此,为了适应播音创作思想感情多变的要求,必须加强声音弹性的训练。

播音员的声音像画家手中的调色板,色彩变化越丰富、越细致,声音表达对于感情色彩的适应性越强。声音弹性训练的目的就是扩展以声音色彩为主的声音变化的能力。

三、声音弹性的表现特点

声音弹性表现为声音的可变性,离开了声音各方面的变化,声音弹性也就无从谈起了。其中最主要的是气息状态及声音色彩的变化。

声音的变化呈现对比性。换句话说,声音弹性是在对比中呈现的。这种可对比的项目很多,其中主要的有:气息的深浅、疾徐,声音的高与低、强与弱、实与虚、明与暗、刚与柔、厚与薄以及气息、声音的纵与收等。

这种对比具有层次性。在每一组对比项目中都有众多的层次,层次之间有着细微的差别。控制水平越高,层次间的差别越细致。

声音弹性不是以单项对比的形式出现,而是以各种对比项目的复合形式出现。由于复合的成分不同,各种成分的强度、浓度不同,因而产生了变化多端的声音色彩。

第二节 声音弹性的生理心理基础

我们通常所说的"感情",是心理学范畴的情绪与情感的统称。声音弹性就是发声时感情等心理因素对生理因素产生影响的结果。

一、情感过程的生理现象

研究表明,情绪的产生和变化与人的神经生理分不开,它是由皮层下中枢的神经兴奋和在植物性神经系统中所产生的生理过程决定的。人的大脑皮层下中枢对大脑两半球皮层也有积极影响,它是大脑两半球力量的源泉。

情绪发生的过程在人体内能引起呼吸器官、消化器官、心脏—血管血液活动的一系列变化。比如当人的情绪激动时,人的脉搏、血压发生变化,瞳孔会放大,脸色发白或发红,血液加快流向心脏、肺和中枢神经系统等。总之,各种情绪体验都伴随着人体内部器官的各种变化,其中让人最容易感觉到的、与发声有直接关系的就是呼吸的变化(图9-1)。

第九章 声音弹性

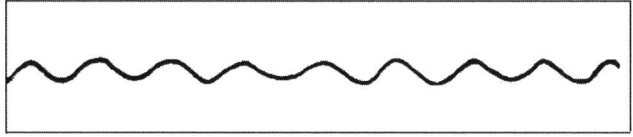

a、愉快——每分钟呼吸17次

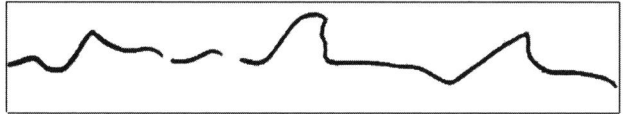

b、消极悲伤——每分钟呼吸9次

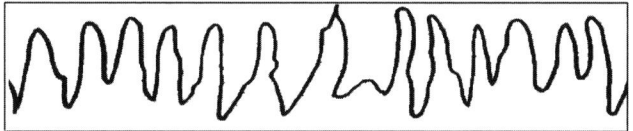

c、积极地动脑筋——每分钟呼吸20次

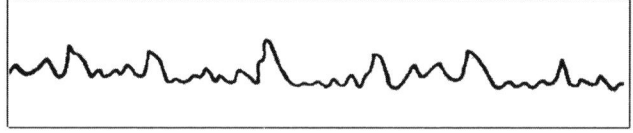

d、恐惧——每分钟呼吸64次

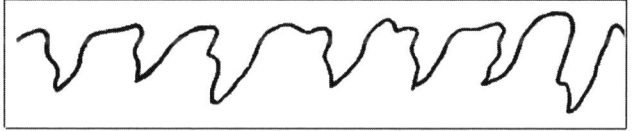

e、愤怒——每分钟呼吸40次

图9-1 在各种情绪状态下的呼吸曲线

情绪可以形成和发展为比较稳定的情感。人的大脑皮层在调节情绪,特别是在控制情感中起主导作用。大脑皮层调节着情绪和情感的发生和进行,控制着大脑皮层下中枢的活动。

俄国著名生理学家巴甫洛夫说:"应当认为,在建立和维持动力定型的情况下,大脑两半球的神经过程是符合我们通常称为两种基本范畴的情感的东西的,即积极的与消极的情感以及由于种种情感的组合或不同的紧张性而发生的一系列的色调和变化。"①

人类的第二信号系统影响着情绪和情感的进行。情感体验不仅能在对象的直接影响下产生,而且能由词语引起。当一个人谈到自己体验过的事时,可以引起听者相应的情绪反应。

总而言之,情绪和情感——我们通常说的感情,使词语、行动、一切行为都带有一定的感情色彩。人在感情变化的同时,他的各种内部器官也随之产生相应的变化,从而使其发出的言语声产生相应的色彩变化。这种变化进而能够引起听者的不同程度的情绪反应。

二、声音弹性产生的心理基础

情感是人对客观事物的一种态度,它总是由一定的客观事物引起的。人的需要是人的心理活动的重要动力。人的需要是多种多样的,主要可分为生理需要和社会需要两大类。社会需要是人类特有的需要,是高级的需要,在人的情感中起着重要作用。由于客观事物与人的需要之间的关系不同,人对客观事物抱着不同的好恶态度,产生不同情感的内心变化

---

① 巴甫洛夫.巴甫洛夫选集[M].北京:科学出版社,1955:285.

和外部表现。能满足和符合人的需要的事物,会引起人的积极态度,产生像愉快、满意、喜爱等正向的情感。相反,不能满足人的需要或与人的需要相抵触的事物,就会引起人的消极态度,使人产生像厌恶、愤怒、憎恨等负面的情绪。

感情在人的实践活动中起着巨大的作用。列宁说过:"没有人的情感,就从来没有,也不可能有人对真理的追求。"①

两千多年前,我国古代的思想家把感情归纳为最基本的好与恶两种,认为"喜生于好,怒生于恶……好物乐也,恶物哀也"(《左传》)。他们把感情分为对立的两端,这就是感情的两极性。感情的两极性可以表现为肯定和否定的对立性质,比如满意和不满意、喜悦和悲伤、爱和憎等,也可以表现为积极和消极、紧张和轻松、激动和安静等。这对立的两极可以因一定的条件而互相转化。这种感情的两极性就是声音色彩对比性的心理基础。

感情还表现为强度上的不同,在每一对相反的情绪中间有许多程度上的差别,表现为多样化的形式。比如心理学家常常根据情绪的强度把怒分为愠怒、愤怒、大怒、狂怒,把喜分为欣喜、欢喜、大喜、狂喜等。在实际生活中,这种情绪的程度上的差别要丰富细致得多。

人的情感是复杂而多样的。人的情感表达往往伴随着表情动作。比如真正愉快的人,眼睛圆而亮,嘴唇会泛出笑容。

---

① 列宁.列宁全集:第20卷[M].北京:人民出版社,1963:255.

这些动作是感情有表现力的体现,并且能使个体的情感更容易被别人感知。当情感表现在声音上,声音会因情感的加入而产生丰富的色彩变化。人的情感体验越深刻、越细腻、越丰富,他的声音就表现得越复杂、越独特、越富有感染力。有经验的播音员可以通过声音(配合面部和身体的动作)传达极为丰富的感情。

播音员还应该注意情绪在交往中的作用。谈话的人的情绪状态可以引起对谈者的某种相应的情绪。如人的柔和、热忱、殷勤、生硬、冷淡、放肆的情绪会对交际产生不同的影响,构成交往中的不同的气氛。这种气氛主要是通过谈话人不同的声音表达而引起的。播音员作为谈话人,他的不在面前的谈话对象可以主动选择是否继续听下去。所以,若播音员把控好谈话的情绪使得谈话的气氛和谐,就有助于吸引听众听下去;若导致谈话的气氛不和谐,就会让听众选择离开。

第三节　如何使声音富有弹性

通过一定的训练,播音员的声音可以随着个人感情而产生丰富的变化,这是声音弹性训练的中心环节。

第九章　声音弹性

一、取得声音弹性的必要条件

感情是运动的,声音是可变的,这两条是取得声音弹性的必要条件。声音的变化又要依靠气息自如、喉部放松、口齿灵活来实现。

运动着的感情是声音弹性的内在依据,是取得声音弹性的先决条件。播音员如何调动自己的感情,使声音传递出来的感情随节目内容的推进而运动变化,这是播音基础课中语言表达部分所要着重解决的问题。由此可见,声音弹性的训练是不能脱离语言表达而独立进行的。一方面,声音弹性将随着语言表达能力的提高而加强;另一方面,只有具备一定的声音条件才能进一步提高语言表达能力,因为任何语言表达技巧都是通过吐字发音体现的。

言语声是在大脑的统一指挥下协调各发声器官动作而发出的,只有发声器官的诸环节都能灵活控制、运用自如,声音才可能有丰富多彩的变化。气息自如,喉部放松,口齿灵活,这是声音变化的先决条件。有了这些条件,声音才可能随感情的变化而变化。

二、气息是由情及声的桥梁

气息是由情及声的桥梁,气息的运动是由内部体验到外

部体现的贯穿性技巧。要解决声音弹性问题,必须注意使气随情动。情、气、声三者之间的关系可以这样表述:

感情运动→气随情动→声随情变

当我们沉浸入一篇感情动人的通讯、态度激奋的评论或鼓舞人心的消息时,我们的感情随着文章的推进而运动,有时轻松,有时兴奋,有时愤慨;我们的呼吸状态也随之而变化,时而平缓,时而深沉有力,时而激越,我们与所描述的事物"同呼吸""共脉搏",这就是气随情动的状态。在生活中,播音员的感情变化是自然而然的,是伴随着体验而得到的情绪反应,除了在情绪狂喜狂怒、呼吸脉搏激烈变化的条件下,一般很少被他人察觉。我们在播音创作时,却要主动地运用这种感情变化,使气息运动成为感情由体验到表达的桥梁。在对节目内容进行具体感受这一环节中,要注意使自己的呼吸状态适应感情的运动状态,并且感情转换必须伴以气息状态的调整。

下面以李延国的报告文学《在这片国土上》的一个小片段为例,做简单的说明。

这是一个多雪的冬天。燕山银装素裹,引滦战士住的营帐变成了一只只巨大的白蘑。指导员陈庆辉踏着积雪从工地回来……(感情是含蓄平衡的,呼吸也是平稳的。)

他撩起三班帐篷的门帘,顿时被一幅景象惊住了:许冠群,那个颧骨高高,平日看来老实巴交的壮族同胞,正纠合着六七个壮族老乡在喝酒!……工班前喝酒,这是纪律绝不允许的。(由于惊讶、气愤,呼吸的速度加快了,不那么平稳了,"许冠群"后面急吸一口气,后面的语言节奏也加快了。"工班前喝酒"前呼吸沉下来,吐字的力度加强了,以示问题的严重。)

本连战士黄洪安站起来了,小声地说:"指导员,今天是冠群的婚礼,别批评他了……"(呼吸较平稳,气息量较小)"婚礼?"陈庆辉简直不敢相信自己的耳朵,难道还有一个人举行婚礼的吗?(随着惊奇情绪的产生,呼吸又加速了)。

"你要发假电报,我就和你'吹'!"许冠群在信上写道。(呼吸比较沉稳有力,以示决心;然后一下转成平稳轻松的——)当然,真"吹"他是舍不得的,他委婉地提出一个不改婚期、在两地举行婚礼的办法。

当然,呼吸随内容的推进而随时有细微的变化,这种变化是不间断的,以上所举的例子是较显著的几处转换。

与其他练习一样,气息的变化也有从有意识注意到下意识运用的过程,但与其他练习不同的是,调整气息的过程可能较短,人一旦体会到气息与感情运动的关系并能自觉运用,就会使个人的语言表达跃入一个新阶段,找到一条贯穿内部体验与外部表达手段的桥梁,通过它,把各种表达技巧组织成为一个有活力的有机体。这样的表达是内在的、没有雕琢痕迹的。人的感情越深刻、越细致、越具体,他说话时气息的变化越生动、越有活力,声音色彩的变化也越丰富、越鲜明,声音也就越有表现力。

在生活中,在自己亲身参与的场合下,"气随情动"是自然而然产生的,因而,播音员在现场报道、口头报道中,投身于现场的气氛,气息状态就较容易随感情的运动而运动,语言就容易与现场融为一体,从而使听的人有身临其境的感觉。但是,如果播音员的气息是僵滞的,不能随现场气氛而灵活变化,那他的声音也将是僵滞的、游离于现场之外的,使听众难以接受。

可见,"气随情动"是由内及外、由情及声的贯穿性技巧,是播音员应注意磨炼的基本功。它的运动规律,我们将在播音基础课的语言表达部分进行深入探讨。

三、发声能力的扩展有利于声音弹性的加强

在发声诸环节的控制上留有余地,才利于声音弹性的产生,任何一个环节上接近发声运动的极限,都会阻碍声音弹性的形成。因为一旦发声运动到了极限,我们就很难再对声音进行调节,特别是细微的调节,以致"往而莫返",失去声

音的自如的变化。比如总的音量过大或过小,音调过高或过低,口腔开度过大或过小,口腔过紧或过松,字音的着力点过于靠前或靠后,声音中伴随气音过多或过少等,都是发声控制达到极限的表现,在这种情况下就较难产生声音弹性了。

我们可以做这样的比喻:如果把声音弹性的下限与上限定为0与10的话,声音在1至9之间比较容易控制,而且往往越靠近中央,越容易对声音做细微的调整,而这也是运用最多的部分。练声,就是要提升发声能力,练十分,用八分,这样有利于弹性的取得。如果发声能力只有五六分,可运用的部分才三四分,可取得的声音弹性幅度就较小了。

另外,弹性与柔韧性密切关联。"弹性"这个概念是从物理学中借用来的。在物理学中,具有柔韧性的物质才可能富有弹性。一个东西硬邦邦的就很难具有弹性。橡皮是柔韧的,富有弹性;生铁是硬邦邦的,缺乏弹性。发声方面也是如此,要使声音富有弹性,发音吐字的各个环节都要具有柔韧性;而这种柔韧性的取得,往往来自相关的两组力量的相互拮抗与控制。

第四节　声音弹性的对比训练

基于声音弹性具有对比的性质,我们可以把声音按对比成分分解为几组进行训练,以找到各种对比成分的声音色彩特性及发音感觉,使我们的声音"调色板"更加丰富多彩。之后再做综合训练。

练习时,我们需要对材料内容有所感受,除强声练习外,一般音量不要过大。

一、高与低

练习一:有层次地爬高降低。

选一句话,先用低音调说,再一级级地升高,然后一级级地降下来。

    伟大的祖国,伟大的人民
    伟大的祖国,伟大的人民
    伟大的祖国,伟大的人民
    伟大的祖国,伟大的人民
    伟大的祖国,伟大的人民
    伟大的祖国,伟大的人民
    伟大的祖国,伟大的人民

伟大的祖国,伟大的人民

伟大的祖国,伟大的人民

练习二:一句高,一句低,高低交替。

这个练习在发声上的难度大一些,因为气息、声带都要做跳跃式的调整。

伟大的祖国,伟大的人民

伟大的祖国,伟大的人民

伟大的祖国,伟大的人民

伟大的祖国,伟大的人民

练习三:一句话内音调由低到高,再由高到低。

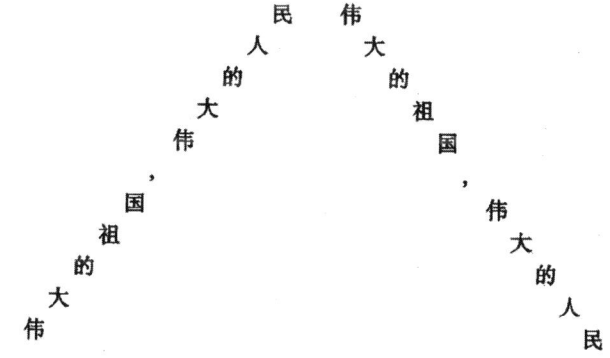

二、强与弱

练习一:有层次地由弱到强。

伟大的祖国,伟大的人民

(1)第一遍用弱声,一遍比一遍略强;音高基本不变(强度升高时,音高会略有上升)。

(2)第二遍用低弱声,一遍比一遍略强略高。到最强最高时不能有喊的感觉。

(3)逐渐增加声音由弱至强的中间层次。

练习二:小音量练习。

用较小音量播一个小片段,字音保持一定清晰度,不压、不噎、不吃字。比如这样一段:

> 参加这次决赛的中国选手胡晓平,走过的道路是不平坦的。她比我们的共和国晚生一年,懂事后,有一大半是在动荡的岁月中度过的。……胡晓平固然有歌唱家的禀赋,但更有惊人的毅力和刻苦的精神。"台上几分钟,台下十几年",为了唱好每一个音符,每个字母,小胡几十遍地反复练习。舞台上生动优美的一刹那,却需要台下无数单调、枯燥的动作。

(周东耀《她们来自中国》)

练习三:弱中间强。

随着稿件内容的发展,在小音量的基础上,可以间以较强音量。材料下面画线处适当加强,练习时加强的幅度可略微夸张。

当乐曲的最后一个音符戛然而止时,会场突然鸦雀无声,一片沉静。帷幕缓缓闭合后,<u>掌声、喝彩声骤然四起,人们起立欢呼。掌声长达三分钟,演员出来谢幕五次。"啊,中国!""女主角是中国人,真没想到!"</u>人们赞叹地议论。

(周东耀《她们来自中国》)

练习四:喊声及呼口号。

在生活中或舞台上,这种声音是既强又高的,而播音员要用中等强度的声音,表现出高强的呼喊声,一般采用气息压力较强的虚声。雄壮的多用下部共鸣,嘹亮的加用上部共鸣。比如:

①中华人民共和国万岁!(雄壮)。

②由河对岸传来热情的呼喊:"张——老——师——"("张老师"要求声音高亢,气息控制较强)

我们可以用不同的强度做这个练习,还可感受隔着不同距离发声的感觉。练习时你会发现,呼喊时,感觉与对方距离越远,所发出的声音音调越高,音量越大,声音控制的难度也越大。

三、实与虚

一般播音要求用声门不闭紧的虚实结合的声音,随内容要求而灵活转换声音的虚实程度。

练习一:偏实声练习。

声门轻松闭合,声音较响亮、扎实,清晰度较高。报告新闻、播评论性文章基本用这种声音,知识性节目也多用偏实的声音。我们可以用短小的消息做练习。如:

> 一种家用手动编织机最近在湖南益阳通过鉴定。这种编织机主要适用于用粗的和中粗的毛线加工毛衣的场景。

练习二:虚声练习。

声门有一定开度,气息逸出较多,容易频繁吸气并带出吸气声,练习时要注意控制,保证字音的清晰。虚声多用在说悄悄话、描述想象中的虚幻的事物及惊叹等情况下。

以下几个段子,下面加点的字用虚声,其余的字用虚实声。

> ①记得是春季,雾蒙天,我正在蓬莱阁后面拾一种被潮水冲得溜光滚圆的鹅卵石,听见有人喊:"出海市了!"只见海天相连处,原先的岛屿不知都藏到哪儿去了,海上劈面立起一片从来没有见过的山峦,黑苍苍的,像水墨画一样。
>
> (杨朔《海市》)

②我不禁赞叹着说:"你们的生活真像神仙啊!富足得很!"

(杨朔《海市》)

③我轻轻地问:"大夫来过了吗?"她说:"来过了,给妈妈打了一针……她现在很好。"她又像安慰我似的说:"你放心,大夫明早还要来的。"

(冰心《小橘灯》)

①中喊声与幻景用虚声;②赞叹的话语,有气音成分;③在病人睡着了的环境中,所以发音要弱而带虚音,接近耳语。

练习三:虚实对比练习。

选一些短句子,如"我爱伟大的祖国"等。练习时,第一遍用实声,第二遍用虚声。如此反复。

四、明与暗

一般播音多用较为明朗的声音,但要根据节目内容需要灵活地进行调整,明暗相宜。

提颧肌,口腔内音束冲击点较集中、靠前,声音明朗;气息深缓,两颊放松,音束冲击点较散、靠后,声音偏暗。切忌捏挤嗓子或多用上部共鸣的办法寻求声音的明朗。

练习一:明朗音色的练习。

选内容明快的小段子,做轻松、明朗的声音练习。这是播音员使用最多的音色,一定要好好掌握。

下面是碧野的《天山景物记》的开始一段:

> 朋友,你到过天山吗?天山是我们祖国西北边疆的一条大山脉,连绵几千里,横亘准噶尔盆地和塔里木盆地之间,把广阔的新疆分成南北两半。远望天山,美丽多姿,那长年积雪高插云霄的群峰,像集体起舞时的维吾尔族少女的珠冠,银光闪闪;那富于色彩的连绵不断的山峦,像孔雀开屏,艳丽迷人。

练习二:暗声练习。

播音中虽然多用明朗的声音,而暗声也是绝不可少的。比如朗读鲁迅先生的杂文《为了忘却的记念》时,如果用明朗的声音,必然情趣迥异,面目全非。只有用较暗的声音,才可能体现出作品的内涵。可选用这篇杂文的第一段做练习:

> 我早已想写一点文字,来纪念几个青年作家。这并非为了别的,只因为两年以来,悲愤总时时来袭击我的心,至今没有停止,我很想借此算是辣身一摇,将悲哀摆脱,给自己轻松一下,照直说,就是我倒要将他们忘却了。

练习三:明暗对比练习。

分别用明朗和较暗的声音读同一个句子,体会它们所表达的情绪色彩的区别。比如读"伟大的祖国,伟大的人民"这个句子,用明朗的声音容易体现开朗、欢快、赞颂的情感,用较暗的声音则容易体现深沉的感慨。

五、刚与柔

声音要能刚能柔,刚柔相济,也就是说,刚与柔既是对立的两个侧面,又是你中有我,我中有你;要刚中有柔,柔中有刚,使声音柔韧而富于变化。声音听起来既不能硬邦邦的,也不能像没有骨头似的软绵绵的,要知道"过刚则直,过柔则靡"的道理。一般反映较重大政治事件及感情激越的稿件多用偏刚的声音来播,气息和口腔控制比较有力,胸声成分较多;而抒情性的、生活气息较浓的,以及服务性的稿件则用较为柔和的声音来播,气息和口腔的控制都比较和缓。在同一篇稿件中,声音刚柔也时有变化,那种不考虑稿件需要,单一地刚或柔的做法都是不恰当的。

试朗读下面两段文章,就可以发现,第一段需要用偏刚的声音,特别表现在下面画线处;第二段则需要用柔和的声音。

方志敏同志具有革命的眼力,他想得一点不错。在白色恐怖弥漫的年代里,无论环境怎样险恶,鲁迅先生一直把密信和文稿珍藏着。他清楚地知道,<u>这是共产党人用鲜血写成的最后的报告,其中有着中国革命的经验和教训</u>。直到一九三六年四月,鲁迅先生在他逝世前半年,才找到了一个稳妥的渠道,把这些重要的文件迅速地转给了中国共产党中央委员会。

鲁迅先生<u>不是中国共产党员</u>,可是,在所有共产党员的心目中,<u>他永远是一个能以生命相托付的、最可信任的同志</u>。

(唐弢《鲁迅先生的故事》)

"盼望着,盼望着,东风来了,春天的脚步近了。一切都像刚睡醒的样子,欣欣然张开了眼。山朗润起来了,水涨起来了,太阳的脸红起来了。"

(朱自清《春》)

六、厚与薄、粗与细

声音的厚薄、粗细的含义有所区别,但在发声中,厚的声音往往与粗相连,薄的声音往往与细相连,可以放在一组进行练习。

气息深,胸声强,声音厚;气息浅,胸声少,声音细薄。厚实的声音给人以深沉庄重的感觉,因而播新闻性及感情深沉的节目常用这种声音;较细薄的声音给人以轻快的感觉,但如果对气息缺少控制,声音就容易飘浮,男声特别要注意这个问题。用降低舌根的办法可以取得粗厚的声音,但不符合嗓音卫生,除在表现人物语言特色时偶尔使用外,在日常播音时不宜如此使用,而且降低舌根发音,会使声音发闷。

可以把感情深沉的诗词作为锻炼声音厚度的材料,轻松活泼的知识小品等可以用作锻炼声音的轻巧的材料。比如:

①车辚辚,马萧萧,行人弓箭各在腰。/爷娘妻子走相送,尘埃不见咸阳桥。/牵衣顿足拦道哭,哭声直上干云霄。/道旁过者问行人,行人但云点行频。/或从十五北防河,便至四十西营田。/去时里正与裹头,归来头白还戍边。/边庭流血成海水,武皇开边意未已!/君不闻汉家山东二百州,千村万落生荆杞。/纵有健妇把锄犁,禾生陇亩无东西。/况复秦兵耐苦战,被驱不异犬与鸡。/长者虽有问,役夫敢申恨?/且如今年冬,未休关西卒。/县官急索租,租税从何出?/信知生男恶,反是生女好。/生女犹得嫁比邻,生男埋没随百草。/君不见,青海头,古来白骨无人收。/新鬼烦冤旧鬼哭,天阴雨湿声啾啾!

(杜甫《兵车行》)

②冬季,北国的兰州虽然寒气袭人,但市场上的新鲜蔬菜却碧绿嫣红,青翠欲滴。水灵灵的蔬菜中,最吸引买主的是洁白纯雅、营养丰富的冬令补

品——百合。那层层鳞片组成的果实,宛如盛开的白牡丹,更像怒放的白莲花,格外惹人喜爱。

在蔬菜家族里,百合集多种养料于一身,含有丰富的蛋白质、糖、脂肪、矿物质、铁、磷、钙和多种维生素成分。炒菜、入饭、煮粥都可以,香甜适口,味醇开胃。如果把兰州百合与兰州玫瑰调制成"百合玫瑰羹",风味别具一格,可以跟莲子羹比美。

百合适应性强,祖国东西南北,山川平原,不管冷热温燥,不择气候土壤,都可以种植。

七、纵与收

声音的纵与收指以气息统领的声音的放开与收拢,是气息与声音的运动形态。

为适应思想感情的不断运动,气息与声音也在不断运动变化,时而纵,时而收。一般情况下,当思想感情处于递进上升状态时,气与声是放开的,气息流速较大,需要及时补充,保持一定压力,声音具有一定力度,整个语流听起来给人一种"一往无前"的感觉。而当思想感情处于沉静或收束的状态时,气与声是收拢的,气息较沉而缓,压力较小,声音也较沉稳。在气与声的连续纵或收的运动状态中,又包含部分细微的纵或收,这样就形成了言语的波澜起伏。这种气与声的纵收变化是根据稿件的具体内容而变化的。如果气与声总是平稳的,不能根据内容或放或收,言语就必然平淡无味。因此可以说,只有掌握了声音纵收的技巧,声音才是有活力的,否则,即使声音有高低、强弱、明暗的变化,听起来也可能是呆板的、缺乏活力的。请看下面这个例子:

> 白杨树是不平凡的树,它在西北极普遍,不被人重视,就跟北方的农民相似;它有极强的生命力,磨折不了,压迫不倒,也跟北方的农民相似。我赞美白杨树,就因为它不但象征了北方的农民,尤其象征了我们民族解放斗争中不可缺少的朴质、坚强、力求上进的精神。
>
> (茅盾《白杨礼赞》)

朗读这一段时,气与声必须持"纵"的状态。虽然在两个"跟北方的农民相似"处略有小收,但总的状态是"纵",读来才能铿锵有力。如果用"收"的状态朗读,必然会疲沓、沉重,达不到应有的效果。

鲁迅《社戏》中的这样一段,是必须用"收"的状态读的:

> 总之,是完了。到下午,我的朋友都去了,戏已经开场了,我似乎听到锣鼓的声音,而且知道他们在戏台下买豆浆喝。

同一文章的另一段,却是用"纵"的状态来读的:

> 我的很重的心忽而轻松了,身体也似乎舒展到说不出的大。一出门,便望见月下的平桥内泊着一只白篷的航船,大家跳下船,双喜拔前篙,阿发拔后篙,年幼的都陪我坐在舱中,较大的聚在船尾。母亲送出来吩咐"要小心"的时候,我们已经点开船,在桥石上一磕,退后几尺,即又上前出了桥。

由此可见,训练气与声的纵收能力是取得声音弹性的重要一环。这种能力对播评论性稿件及其他感情起伏较大的稿件尤其重要。另外,在句子及层次处理中也有气与声的相对纵收的问题。一般情况下,在句子进行中,气与声相对地处于"纵",也就是"连绵不断"的状态,而当一个完整的意思结束时,气与声处于相对"收"的状态。若在该"纵"处"收"了,会使意思中断;而若在该"收"处不"收",又会影响内容层次的清晰表达。

由于声音弹性是以复合形式出现的,因而在单项对比训练的基础上,还要进行综合练习。

第一阶段的综合训练可以用古典诗词作为练习材料。古典诗词以精练的文字抒发深邃的情感,变化多、旋律美、耐推敲,是锻炼声音弹性的好材料。可选择不同内容、不同风格的诗词,每一首用一定的时间练习,以达到"情—气—声"的有机结合。也可以针对自己的声音特点选择练习材料,发扬己之所长,补足己之所短。之后可选用感情变化较复杂的现代诗歌进行练习。

第二阶段的综合训练选短小的现代优秀散文作为练习材料。散文的感情色彩丰富,而且形式、内容更接近广播稿件。

第五节 弹性训练与基础训练的关系

一、发声的规格要求与弹性

在学习发声的开始阶段,总是要按照一定规格有意识地进行控制。比如发一个最简单的"啊"字,就要注意 a 的发音吐字要领,还要根据发声感觉与发出的声音,反复进行调整,达到比较理想的控制状态。这在每一种控制训练的开始阶段都是必不可少的。但是这样的声音还不能服务于内容的表达,因为它是无生命的。只有突破这种单纯发声的状态,赋予每个字或词以一定的含义、一定的感情,它才能成为有生命的。好比在生活中或节目中,都没有无意义的"啊",有的表示惊讶,有的表示同意,有的表示反问,也有的表示感叹。因此,我们说,必须在发声初级训练规格要求的基础之上更进一步,才能取得声音的弹性。

我们通过基础训练达到自如发挥和表现的阶段,才可能取得声音弹性。

如前面所说,任何一种训练在开始阶段总是要有意识地控制和练习,在经过反复的练习之后,人的大脑的神经系统建立了新的传导通道,便会产生飞跃,由有意识地进行控制,改到由大脑的椎体外系统"下意识"地控制,进入自如的阶段。这时候我们的注意力只要集中在表达的内容上,发音器官就能"自动"地发出与之相联系的声音,不需要再对发声要领有意识地加以关注。换句话说,这时我们不必再去想发声要领就可以准确地发出理想的声音来。基础训练只有达到这个阶段,声音才可能成为思想感情的有力表达工具,这样才可以控制声音弹性。

如果我们在达到自如控制声音弹性以前就进行播音实战,就会产生顾此失彼的现象:播音时想着发声要求,气息要如何、声音的冲击点如何等,势必不利于思想感情融入内容,也就削减了声音作为传情达意工具的效能。若我们在播音时将注意力集中于发音要领,必然只能依字发音,从而导致整个播音创作的失败。

我们必须在基础训练达到自如阶段时才考虑声音的弹性问题。从这个意义上讲,声音弹性的训练是发声训练的高级阶段。

二、辩证地理解基础训练与弹性训练的关系

在基础训练过程中,必须防止两种倾向。一种是片面理解基础训练与弹性训练的关系,即在一段较长的时期内只做不考虑内容的技术性练习,误以为只有这样才能获得扎实的基本功,结果很容易导致声音的僵化。而且这种训练容易养成一种违反创作原则的坏习惯,那就是在播音前先考虑发声要领,这样一来就很难真正进入播音的内容。另一种倾向是声音与播音的内容分离,或在做发声练习时只考虑规格要求,不想内容,或在做有内容的练习时只考虑内容的表达,全然不顾发声要求,导致声音与所播内容完全脱节。这样做的后果是显而易见的,一旦播音的情感要与内容相结合,发声上存在的问题又原样出现,声音仍然缺乏弹性。

以上两种倾向的产生,都是由于对发声基础训练与声音弹性训练之间的关系做了片面的理解的缘故。为了防止这些问题的产生,我们需要辩证地理解基础训练与声音弹性训练之间的关系,处理好训练过程中控制性与自如性的矛盾统一。

发声训练是在控制性与自如性这一对矛盾不断突破旧的平衡、达到新的平衡的过程中进行的。在每一项技术训练的开始阶段,总是要按照一定的标准对发音进行控制,这时发声的控制性是主要方面。待标准基本达到时,就要注意练习发

声的自如性，进行声音弹性的训练。在注意发声的自如性及声音弹性的过程中，又会发现自己在声音控制方面的弱点，就需要再去练习、弥补、扩展自己的发音能力，以便在新的基础上取得新的平衡。如此循环往复，便由初级阶段逐步走向了高级阶段。因此，在每个阶段的练声过程中，除有一部分无内容的纯技术练习外，必须在练习中加入一定量的内容，并随着训练的推进，逐步加大有内容的练习的比重。练习材料的采用，应由简入繁、由浅入深。每个练习都应力求达到高质量、高水平，即情声一致的境界。

进行有内容的练习，首先要对练习的内容有所理解和感受，并据此寻找、选择适当的声音形式。在开始时往往要对声音形式反复推敲。通过一遍遍的练习，声音越来越适应内容所包含的感情实质，逐步达到有控制的自如表达。到熟练时，感情一经激发，声音就能随之而动。声音弹性训练的最终目的就在于此。

勤奋练声，正是为了在播音创作时不必专注于发声要领，这就是我们对发声训练的辩证理解。

综上所述，声音弹性的训练必须从理解和感受内容开始，根据个人的内心感受，设计和选择声音的表现形式，由声音和思想感情完全分离的状态，逐渐达到声音与思想感情相融合的境界。人的思想感情变幻无穷，因而，对与之相适应的声音弹性的训练也是永无止境的。

图书在版编目(CIP)数据

播音发声学／徐恒著． -- 2版． -- 北京：中国传媒大学出版社，2023.10
（中国播音学丛书）
ISBN 978-7-5657-3345-1

Ⅰ．①播…　Ⅱ．①徐…　Ⅲ．①播音员—发声法　Ⅳ．①G222.2

中国版本图书馆CIP数据核字(2022)第205426号

播音发声学（第二版）
BOYIN FASHENGXUE（DI-ER BAN）

著　　者	徐　恒
书名题字	徐　恒
策划编辑	赵　欣
责任编辑	赵　欣　张　笛　高卓毓
封面设计	拓美设计
责任印制	阳金洲
出版发行	中国传媒大学出版社
社　　址	北京市朝阳区定福庄东街1号　邮　编　100024
电　　话	86-10-65450528　65450532　传　真　65779405
网　　址	http://cucp.cuc.edu.cn
经　　销	全国新华书店
印　　刷	三河市东方印刷有限公司
开　　本	710mm×1000mm　1/16
印　　张	13.25
字　　数	138千字
版　　次	2023年10月第2版
印　　次	2023年10月第1次印刷
书　　号	ISBN 978-7-5657-3345-1/G·3345　定　价　49.80元

本社法律顾问：北京嘉润律师事务所　郭建平